JN097819

Theory of Regional Tourism

地域観光論

ドイツに学ぶ産業観光活性化方策

那須野 育大

学 文 社

　本書の目的は，ドイツにおける産業観光をモデルケースと位置づけ，ここでの成功要因の日本への適用を試みることにある。日本の産業観光活性化方策について，公共と民間の観点から提示していく。コロナ後（2023年度以降），世界の観光はコロナ前（2019年度以前）と同様またはこれ以上に，成長産業として再び注目されつつある。日本においても，2023年，コロナ後を見据えた新たな観光立国推進基本計画が提示された。

　こうした中，ニューツーリズムの一形態と位置づけられる産業観光は，コロナ後における着地型観光の有力な一形態と考えられる。今後，日本の産業観光は，「稼ぐ」視点，ビジネスの視点を取り入れることで，観光客数（量）と観光消費額（質）の増加に貢献するとともに，観光客，企業，地域の3者にとって意義深い観光の形態であり続けるに違いない。筆者は，本書における一連の分析を通じて，産業観光活性化に関する4つの命題を提示していく。

　まず，「命題①：基礎的データを考慮したマーケティング」である。産業観光に取り組む日本の多くの地域では，観光客数や経済効果等の基礎的データを把握できていない。企業経営でいえば，企業が自社の顧客数や売上を把握できておらず，それがゆえにターゲット客層すら明らかになっていない状況にある。そこで，産業観光の実施に当たっては，観光客数，消費額，経済効果等を明らかにした上で，STP重視のマーケティングを展開する必要性が高い。

　次に，「命題②：多様な組織による持続可能なマネジメント」である。産業観光に取り組む日本の多くの地域では，自治体や商工会議所が紹介冊子等を出版するにとどまっている。各地で相次いで誕生している観光地経営組織DMOの積極的な関与も，あまり見られない。企業経営でいえば，自社グループの目指す目標，それに向けたスケジュール，必要な予算や人員等が明らかにされず，個々の企業がバラバラに活動している状況にある。そこで，産業観光の実施に当たっては，商工会議所，自治体，各施設の役割分担を明らかにした上で，必

要な組織・人材・財源を公的支援により措置する必要がある。

　そして，「命題③：小売部門と連携したマーケティング」である。日本の産業観光は，いわば「本業のオマケ」と位置づけられることが多い。このため，「産業観光自体で稼ぐ」「産業観光を自社製品やサービスの販売戦略に明確に結び付ける」といった発想は乏しい。産業観光推進会議(2014)によると，産業観光施設の7割は無料，ガイドの9割以上が無料とされている。企業経営でいえば，企業が顧客に充分な製品やサービスを提供しているにも関わらず，赤字覚悟で適正な対価を徴収しない状況にある。そこで，企業は，自社製品やサービスの「小売は小売」「産業観光は産業観光」と別に捉えるのではなく，「稼ぐ」という観点から，両者を一体として考えることが求められる。

　さらに，「命題④：産業観光を軸とした地域の魅力向上」である。産業観光に取り組む日本の多くの地域では，観光客にトータルのサービスを提供できていない。すなわち，供給側(企業，自治体，商工会議所等)は産業観光に注力するあまり，産業観光と他の観光資源や飲食・宿泊施設との連携にまで思いが至っていない。しかし，「食事」と「観光産業」(宿泊や土産物等)は，観光客が本源的に求める要素である。企業経営でいえば，企業が自社の本業のみに固執し，関連事業で稼げる利益を取りこぼしている状況にある。また，顧客の総合満足度を高められない状況にある。そこで，産業観光の実施に当たっては，産業観光そのものにとどまらず，他の観光資源や飲食・宿泊等を含む観光客の求める需要を全て満たす必要がある。

　本書の特徴として，次の2点が挙げられる。それは第1に，(1)課題の抽出，(2)課題解決策(命題)の提示，(3)解決策(命題)の妥当性検討，という3段階の分析に基づき，日本の産業観光活性化方策を提案している点である。すなわち，日本の産業観光について，(1)第3〜5章(長野県上伊那地域と富山県の事例分析)で課題を抽出，(2)第6〜8章(ドイツ・ルール地域とアウトシュタットの事例分析)で課題解決策(命題)を提示，そして(3)第9〜10章(名古屋・中京地域と地域一体型オープンファクトリーの統計分析)で解決策(命題)の妥当性を検討している。

　第2に，複眼的な分析を試みている点である。すなわち，本書では，(1)日本

国内のみならず海外（ドイツ）の事例を丁寧に調査分析するとともに，(2)定性分析（事例分析）にとどまらず定量分析（統計分析）を併用している。このような産業観光に関する体系的な分析は，先行研究でも行われていない。

最後に，本書執筆の経緯を記しておきたい。これまで，筆者は2つの競争的研究費を活用しながら，産業観光の研究を進めてきた。まず，(1) 2019年度，筆者は研究課題「富山県の産業観光活性化方策の提案」で（公財）富山第一銀行奨学財団「研究活動に対する助成金」（研究代表者，2019年度）を獲得した。これは，筆者が富山高等専門学校に在籍中のことであり，これをきっかけとして産業観光の調査研究に着手することとなった。富山県の産業観光の課題解決策を検討する過程で，成功事例としてのドイツの産業観光にも言及することができた。

次に，(2) 2021年度，筆者は研究課題「産業観光活性化方策の提案—ドイツにおける官民連携の事例分析から—」で（独）日本学術振興会科学研究費助成事業（研究代表者，2021〜23年度，若手研究，課題番号21K17979）の研究費を獲得した。これは，筆者が大阪産業大学に在籍中のことであり，これをきっかけとして，産業観光に関する調査研究をより一層深掘りすることができた。

これらの研究成果を取りまとめ，本書の出版にこぎ着けることができたのは，上述の競争的研究費獲得を後押ししてくださった富山高専と大阪産業大学の皆様，そして研究資金を提供いただいた富山第一銀行奨学財団と日本学術振興会のご支援とご協力の賜物であることを，何よりもまず明記しておきたい。ここに記して，厚く御礼申し上げる次第である。

また，筆者は，富山高専と大阪産業大学で教員となる以前，早稲田大学商学部・大学院商学研究科修士課程において杉山雅洋先生（交通論）に，中央大学大学院総合政策研究科博士後期課程では丹沢安治先生（企業戦略論）に，それぞれ大変お世話になった。杉山先生は，理論と現実のバランスを取った研究の重要性を説かれ，筆者もこのことを常に心がけてきた。また，丹沢先生からは，専門分野はもちろん，定性的実証研究の手法や論文の構成について，体系的に学ぶ機会を頂戴した。先生方から頂戴した知見は，筆者の研究活動にとって大

きな収穫であった。

　この度，筆者が学部と大学院で修得した商学（交通論）と経営学（企業戦略論），そして学会活動や教員生活で獲得した地域研究と観光学の知見を融合させて，筆者にとって2冊目の単著である本書『地域観光論—ドイツに学ぶ産業観光活性化方策—』を取りまとめることができた。まだまだ未熟な内容であるが，今後，より一層研究内容を高めていきたい。

　本書の執筆に当たっては，長野県上伊那地域振興局（2015年当時は「上伊那地方事務所」），富山商工会議所，ジェトロ・デュッセルドルフ事務所，ルール地域連合（Regionalverband Ruhr），ツォルフェライン財団（Stiftung Zollverein），ジェトロ・ベルリン事務所，ヴォルフスブルク市経済マーケティング会社 WMG（Wolfsburg Wirtschaft und Marketing GmbH），名古屋商工会議所（インタビュー順）の皆様に絶大なご協力を賜った。厚く御礼申し上げたい。また，学文社の田中千津子氏には，本書出版の機会を与えていただくとともに，様々なアドバイスを頂戴した。この場をお借りして，御礼申し上げたい。

　また，様々な面で筆者を全面的に支え続けてくれた家族と両親に，心から感謝の念を抱いていることを記しておきたい。

2024年4月吉日

那須野　育大

目　次

問題提起

1. 問題意識と研究目的

(1) 本書の概要

　本書の目的は，ドイツにおける産業観光をモデルケースと位置づけ，ここでの成功要因の日本への適用を試みることにある。日本の産業観光活性化方策について，公共と民間の観点から提示していく。

　これまで筆者は，日本の産業観光について考察してきた（那須野（2016,19,24b），Nasuno, I.（2023））。ここから，4つの課題を抽出している。すなわち，課題①：基礎的データを把握できていない，課題②：運営体制が明確にされていない，課題③：企業の収益性[1]が考慮されていない，課題④：観光客にトータルのサービスを提供できていない，という4点である。

　そこで筆者は，これら4つの課題解決策（命題）について，ドイツの事例分析から見い出してきた（那須野（2021a,24a））。すなわち，命題①：基礎的データを考慮したマーケティング，命題②：多様な組織による持続可能なマネジメント[2]，命題③：小売部門と連携したマーケティング，命題④：産業観光を軸とした地域の魅力向上，の4点である。

　また筆者は，これら4つの命題の日本の産業観光への適用を試みることにより，日本の産業観光活性化方策について検討を行っている（Nasuno, I.（2023），那須野（2023））。

　本書では，筆者による一連の調査研究の成果に基づき，日本の産業観光活性化方策について，考察することとしたい。その際，ドイツにおける産業観光のモデルケースに依拠しながら，検討を行っていく。

なお，那須野（2021a）は（公財）富山第一銀行奨学財団「研究活動に関する助成金」「富山県の産業観光活性化方策の提案」の研究成果の一部に，Nasuno, I.（2023）と那須野（2023,24a,24b）は（独）日本学術振興会　科学研究費助成事業若手研究「産業観光活性化方策の提案—ドイツにおける官民連携の事例分析から—」（課題番号：21K17979）の研究成果の一部に，それぞれ位置づけられる。

（2）日本の産業観光における4つの課題

　産業観光とは，「様々な産業を対象とする観光利用形態であり，製造過程・技術・製品を対象とする観光」のことをいう。「学び」「見学と体験」の要素が重視される（羽田・丁野（2007））。産業観光は「知的好奇心を充足する観光」であるため，リピーター観光客を増やし，観光客と地域との持続的な交流を促進する（産業観光推進会議（2014））。

　これまで筆者は，産業観光に関する調査・研究に取り組んできた。まず那須野（2016）において，長野県上伊那地域振興局へのインタビューに基づき，長野県上伊那地域を対象に産業観光の現状分析を試みている。次に那須野（2019）では，富山商工会議所へのインタビューに基づき，富山県の産業と観光の概要，そして産業観光のあり方を取りまとめた。そしてNasuno, I.（2023）では，名古屋商工会議所へのインタビューに基づき，日本の産業観光発祥の地と位置づけられる名古屋・中京地域の産業観光の現状分析を試みた。これら3つの調査研究から，日本の産業観光における次の4つの課題が浮かび上がってきた。

　課題の1つ目は，基礎的データを把握できていない点である。産業観光に取り組む日本の多くの地域では，産業観光に関する観光客数や経済効果といった数字やデータを把握できていない。これは，企業経営に例えれば，企業が自社の顧客数や売上金額を把握していないことに等しい。

　課題の2つ目は，運営体制が明確化されていない点である。産業観光に取り組む日本の多くの地域では，自治体や商工会議所が産業観光の冊子やパンフレットを作成するにとどまっている。中長期的な観点から，自治体，商工会議所，企業，旅行会社等の主体が必要なヒト・モノ・カネ（人材・観光資源・財源）を

どのように措置するのか，必ずしも明確になっていない。近年，日本全国で盛んに設置された観光地経営組織 DMO[3) の積極的な関与も，残念ながらあまり見られない。これは，企業経営に例えれば，企業が自社の中長期経営計画を持っていないことに等しい。

　課題の 3 つ目は，企業の収益性が考慮されていない点である。日本の産業観光では，企業が産業観光で稼ぐ，産業観光を自社製品やサービスの売上向上に結び付ける，という発想はほとんど存在しない。日本の観光業には，「観光は無償やボランティアでなければならない」「観光は稼ぐものではない」という考え方が根強く残っていると考えられる。これは，企業経営ではなく，非営利組織の手掛ける地域貢献活動に等しい。

　課題の 4 つ目は，観光客にトータルのサービスを提供できていない点である。日本の産業観光に取り組む多くの地域では，産業観光に注力するあまり，他の観光施設や飲食・宿泊施設との連携が必ずしも充分ではない。一方で，産業観光の訴求力向上は重要な要素だが，他方で，観光客は産業観光と同等またはそれ以上に一般的な観光や飲食・宿泊の要素を重視している。これは，企業経営に例えれば，企業が自社の主力製品やサービス単体での売上に注力するあまり，自社製品群やサービス群全体での売上が疎かにされている状況に等しい。

　日本の産業観光における 4 つの課題をまとめると，次の通りとなる。

【日本の産業観光における課題】
課題①：基礎的データを把握できていない。
課題②：運営体制が明確化されていない。
課題③：企業の収益性が考慮されていない。
課題④：観光客にトータルのサービスを提供できていない。

---

(3) 日本の産業観光における 4 つの課題解決策（命題）

　これら 4 点は，長野・富山・愛知各県にとどまらず，日本の産業観光全般における課題である可能性が高い。そこで筆者は，まず課題①と課題②について，那須野（2021a）で "公共主導" の観点から解決策を提示した。ここでは，世界

遺産ツォルフェラインを核とする産業遺産活用による産業観光に着目している。具体的には，2019 年 8 月 22 日（木）〜23 日（金），ドイツのジェトロ・デュッセルドルフ事務所，そしてドイツ・ルール地域で「産業文化の道」の産業観光を推進するルール地域連合とツォルフェライン財団へのインタビューを通じて，"公共主導" の観点から 2 つの課題解決策（命題）を見い出している。

　1 つ目の課題解決策（命題）は，基礎的データを考慮したマーケティングである。ルール地域では，年間観光客数が約 725 万人，これによる雇用創出効果が約 760 人など，基礎的データを把握した上で，専門家によるマーケティングを実施していた。マーケティングのターゲットも若者や子供など，明確化していた。日本においても，まずは観光客数，消費額，経済効果等を明らかにした上で，STP 重視のマーケティングを展開する必要がある。

　2 つ目の課題解決策（命題）は，多様な組織による持続可能なマネジメントである。ルール地域では，ノルトライン・ヴェスト・ファーレン州（以下「NRW 州」），ルール地域連合，ツォルフェライン財団など，多様な組織が，それぞれの役割を果たしていた。各組織の役割分担が明確に定められるとともに，各組織では，専門知識を持つ長期雇用のプロパー職員が建物管理やマーケティング等を行っていた。また，ルール地域連合は運営資金約 520 万 € を市町から，ツォルフェライン財団は同約 2,320 万 € を NRW 州とルール地域連合から各々受領するなど，手厚い公的支援のもと各組織が運営されていた。日本においても，まずは商工会議所，自治体，各施設の役割分担を明らかにした上で，必要な組織・人材・財源を公的支援により措置する必要がある。

　続いて筆者は，課題③と課題④について，那須野（2024a）で "民間主導" の観点から 2 つの解決策を提示した。ここでは，フォルクスワーゲン社の展開する自動車のテーマパーク "アウトシュタット"（Autostadt ＝自動車の街）に着目している。具体的には，2023 年 5 月 1 日（木）〜2 日（金），ドイツのジェトロ・ベルリン事務所，そしてアウトシュタットの立地するヴォルフスブルク市の経済マーケティング会社 WMG（Wolfsburg Wirtschaft und Marketing GmbH）へのインタビューを通じて，2 つの課題解決策（命題）を見い出している。

3つ目の課題解決策（命題）は，小売部門と連携したマーケティングである。アウトシュタットでは，①各種パビリオンでの自動車や関連技術の展示紹介，②高価格・高品質なツアー，③オーナーへの新車の納車式，④個人のイベント開催を通じて，収益性の確保が志向されていた。このように，企業は産業観光を通じて，消費者の自社製品やサービスに対する親近感やロイヤルティ（愛着や忠誠）を醸成し，小売部門の収益性確保に努めていく必要性が高い。小売は本業，産業観光は“オマケ”と位置づけるのではなく，両者を一体として考えるべきであろう。

　4つ目の課題解決策（命題）は，産業観光を軸とした地域の魅力向上である。アウトシュタットでは，①緑豊かな公園，②豊富な飲食・宿泊施設，③夏と冬の大規模イベント開催，④各種イベント開催を通じて，訪問者に対するトータルサービス[4]の提供を実現していた。このように，産業観光では，産業観光そのものにとどまらず，他の観光資源や飲食・宿泊等を含む来訪者の求める需要を全て満たす必要性が高い。例えば，地域のDMOが主導するかたちで，訪問者に対してトータルサービスを提供できるような体制構築が求められよう。

　日本の産業観光における4つの課題解決策（命題），言い換えると，産業観光活性化方策をまとめると，次の通りとなる。

【日本の産業観光における課題解決策（命題）】
命題①：基礎的データを考慮したマーケティング
命題②：多様な組織による持続可能なマネジメント
命題③：小売部門と連携したマーケティング
命題④：産業観光を軸とした地域の魅力向上

　これら日本の産業観光における4つの課題解決策（命題）は，いわばドイツにおける“公共”と“民間”の成功要因の融合ということができる。

(4) 課題解決策（命題）の検討

　日本の産業観光における4つの課題解決策（命題）について，さらなる検討

を加えていく。具体的には，これら4つの課題解決策（命題）の日本の産業観光の先進事例2つへの適用により，その妥当性を検討していく。これまで筆者は，Nasuno, I. (2023) において1つ目の先進事例（名古屋・中京地域）について，そして那須野 (2023) において2つ目の先進事例（地域一体型オープンファクトリー[5]）について，それぞれ分析を試みている。具体的には，産業観光の訪問客（観光客）に着目した上で，彼らの産業観光に対するニーズを探るべく，4つの課題解決策（命題）に基づくWebアンケート調査を行い，その結果を分析している。前者のWebアンケート調査については2022年4月4日（月）～6日（水）に，後者のそれについては2023年4月3日（月）～5日（水）に，それぞれ調査会社に委託して行った。

　この結果，1つ目の事例分析，つまり4つの課題解決策（命題）の名古屋・中京地域の産業観光への適用では，「能動的な観光客」と「支出意欲旺盛な観光客」への対応の必要性が明らかとなった。まず「能動的な観光客」に対しては，産業観光施設1か所のみで彼らの「満足度」や「再訪意欲（リピート）」を高めることが難しい。そこで，個々の産業観光施設が展示やプログラムを改善するとともに，複数の産業観光施設，さらには飲食，宿泊，レジャー等の施設の連携により，「能動的な観光客」のニーズに応えるべきことが示唆される。次に「支出意欲旺盛な観光客」に対しては，①産業観光施設が彼らを見学対象の製品やサービスの販売に結び付ける，②有料産業観光ツアーの実施，宿泊施設の充実，利用者主体のイベント開催といった多様な消費意欲に応える，重要性が浮かび上がった

　2つ目の事例分析，つまり4つの課題解決策（命題）の地域一体型オープンファクトリーへの適用では，「多様なサービス」への対応の必要性が明らかとなった。来訪者は，現在のオープンファクトリーに存在しない新たな要素を望む傾向にある。すなわち，①充実した体験・参加型プログラムへの支出，②製品の継続的購入，③飲食・宿泊施設の充実，④オープンファクトリー主催者または来訪者自身によるイベント開催等を望んでいることが分かった。

　これら来訪者の要望に応えることで，彼らの産業観光に対する満足度や再訪

意向（リピート）の促進が可能となる。そして，このことこそが，日本の産業観光活性化方策ということができよう。

2. 先行研究

(1) 産業観光全般

　産業観光に関する先行研究は，地域研究または観光学の分野に多い。これらのうち，少数事例にとどまらず，産業観光全般について論じた主な先行研究として，次の4点が挙げられよう。

　羽田・丁野（2007）は，産業観光の分野では比較的早い時期に出された事例集である。その特徴は，複数の類型に基づく豊富な取り組み事例の紹介（国内20地域，海外3地域）にある。産業観光に取り組む当事者や研究者にとって，概要の把握に資する1冊といえよう。

　産業観光推進会議（2014）は，産業観光の歴史，意義，効果等を概説した体系的な解説書である。顧客へのアンケート調査に基づく動向分析，企業へのアンケート調査に基づく収益性分析は，大変興味深い。まちづくりの観点からの分析も，示唆に富む内容となっている。

　そして須田寛はJR東海出身の実務家で，産業観光に関する単著を4冊出している。彼は，産業観光の第一人者と位置づけられる。その最新作である須田（2015）は，ニューツーリズムのうち都市観光と街道観光を関連づけながら，産業観光について論じている。実務家による産業観光に関する体系的な著書といえよう。

　また塩見・安嶋（2023）は，産業観光に関する最新の体系的研究である。産業観光全般の概説や先進事例の考察のほか，産業観光の新しい形態としてのオープンファクトリーへの言及も見られる。富山大学の授業「産業観光学」のテキストとされており，富山県の産業観光に関する詳細分析が興味深い。

(2) オープンファクトリーの可能性

　ここでは，少数事例にとどまらず，オープンファクトリー全般への言及が見られる主な先行研究を4点挙げたい。

　川原他（2014）は，建築・都市計画（まちづくり）・観光学の観点から，産業観光まちづくりの手法としてオープンファクトリーに言及した。筆者らが当事者として関わる「大田クリエイティブタウン研究会」の実践活動に基づき，おおたオープンファクトリー（東京都大田区）を詳細に考察している。2010年代初期における代表的な事例研究と見なしうる。

　岡村他（2016）は，土木計画（まちづくり）の観点から，台東モノマチ（東京都台東区），燕三条工場の祭典（新潟県三条・燕両市）等の8つの事例を分析した。その上で，オープンファクトリー開催の意図として，①工業振興（クリエイティブな環境の創出），②住工共生（ものづくりと住まいの関係再構築），③地域振興（地域ブランディング）の3点を明らかにしている。キーパーソンへのインタビュー調査や丁寧な現地調査に基づく内容であり，説得力が高い。岡村他（2016）は，2010年代半ばのオープンファクトリーの総括的研究と位置づけられよう。

　北條（2019）は，経営学と地域研究の観点から，地場産業の課題解決策としてオープンファクトリーを考察した。5つの事例分析を通じて，オープンファクトリー実施の意義を整理している。この時点でのレビュー論文という印象である。

　栗井（2022）は，経営学の観点から，新潟県長岡地域における産地振興型オープンファクトリーを用いた地域活性化の可能性を提示した。また，その前提として，先行事例と先行研究の概観を通じて，オープンファクトリーの論点整理を試みている。開催に向けての課題5点，先行研究における課題8点に言及している点は興味深い。栗井（2022）は，2020年代におけるオープンファクトリーの最新かつ体系的研究と位置づけられよう。

(3) 先行研究の限界

　(1)と(2)で取り上げた先行研究は，いずれも複数の取り組みを分析した体系的

なものと見なしうる。そして，これらをまとめると，次のことがいえる。すなわち，「産業観光またはオープンファクトリーは，交流人口の増加を通じた地域活性化に資する要素を秘めている」とするものである。

　しかし，これらの先行研究は，日本の産業観光またはオープンファクトリーにおける肯定的側面を定性的観点から総論的に論じるにとどまっており，産業観光またはオープンファクトリーの抱える課題及びその解決策への言及に至っていない。そして，供給側（地域や企業等の実施主体）の分析が中心であり，需要側（住民や観光客等の来訪者）の分析は行われていない。また，いずれも定性的観点に基づく研究であり，定量的観点からの具体的な検討も不足している。

　そこで本書では，定性及び定量の両方の観点に基づき，分析を進めていく。また，供給側（地域や企業等の実施主体）にとどまらず，需要側（住民や観光客等の来訪者）にも着目して，産業観光活性化方策を見い出していく。

3. 本書の構成

　以下，第1章では，産業観光を分析する前提として，日本におけるコロナ後の観光のあり方を概観する。世界における観光は，コロナ禍（2020〜22年度）で大きな影響を受けた。この観光は，コロナ後（2023年度以降）において，コロナ前（2019年度以前）の水準への回復，そしてさらなる成長が期待されている。コロナ後の観光では，体験型・交流型の要素を取り入れたニューツーリズム[6]（テーマ別観光）の重要性がより一層増すであろう。ニューツーリズムの一形態と位置づけられる産業観光は，コロナ後における着地型観光の有力な一形態と考えられる。第1章では，デービッド・アトキンソン（2015）をはじめとする先行研究に依拠しながら，コロナ後の観光に求められる8つの視点に言及していく。すなわち，①温暖な気候，②自然，③文化，④食事，⑤観光産業，⑥高付加価値化，⑦混雑回避，⑧DX（Digital Transformation）である。

　第2章では，産業観光の意義と役割について概観する。これまでの国や自治体の政策，先行研究に基づき，今後のあり方を示唆していく。産業観光は，観

光客・企業・地域の3者にとって，いわゆる物見遊山の観光には無い意義を持ち合わせている。つまり，①観光客は「見る，体験する，学ぶ」体験を通じて高い満足度を得られる，②企業は消費者ニーズを直接把握できる，③地域は産業振興と観光客誘致を同時に実現できる，というメリットを見い出しうる。こうした点こそが，産業観光の意義ということができる。第2章では，ニューツーリズムの中における産業観光，産業観光の歴史，産業観光と世界遺産登録，そして産業観光の類型，現状，意義について，考察していく。

　第3章と第4章では，日本における産業観光の取り組み事例を取り上げる。ここから，日本における産業観光の現状と課題を見い出していく。第3章では，長野県上伊那地域の「食と健康の産業観光プロジェクト」と「近代化産業遺産としてのJR飯田線の活用」を考察する。2022年度，長野県上伊那地域は，観光消費額が県内10地域中最下位，宿泊旅行者の割合が同10地域中9位という状況にあり，観光客誘致に苦戦している。こうした同地域の活性化という観点から，産業観光のより一層の推進に向けた分析を行う。分析の結果，「食と健康の産業観光プロジェクト」では，①成果の検証，②企業の負担軽減策の検討，③独自の情報発信，の必要性が浮かび上がった。そして「近代化産業遺産としてのJR飯田線の活用」では，①推進体制の構築，②JR飯田線の運営体制の見直し，の必要性を明らかにした。これらの取り組みを通じて，県外客や宿泊客の増大を図ることが可能となる。

　第4章では，富山県の「日本海側随一のモノづくり県」の取り組みを考察する。富山県は，県の経済に占める製造業の比重が大きい。また，2015年の北陸新幹線開業を契機として，県主導で様々な観光振興策が展開されている。第4章では，この製造業と観光を融合した「産業観光」の可能性を掘り下げていく。富山県の産業の最大の特徴は，その壮大なストーリーにある。すなわち，富山県では，「売薬」と「北前船」で蓄積した資本と情報に基づき，長年災害をもたらしていた「治水・砂防事業」に取り組んだ。これが「電力開発」や「アルミ産業」につながり，「銀行業」が興ったのである。こうした産業，そしてこれを生かした産業観光は，富山県独自の魅力であり，多くの観光客誘致に資す

る取り組みということができる。今後，新たな可能性として「黒部宇奈月キャニオンルート」の活用が期待される。

　第5章において，第3章と第4章の分析に基づき，日本の産業観光における4つの課題を提示する。すなわち，課題①基礎的データを把握できていない，課題②運営体制が明確にされていない，課題③企業の収益性が考慮されていない，課題④観光客にトータルのサービスを提供できていない，の4点である。

　第6章と第7章では，ドイツにおける産業観光の先進事例の分析を通じて，第5章の課題解決策（命題）を検討していく。第6章では，"公共主導"の観点から，ドイツ・ルール地域における産業遺産活用の取り組みを考察する。「産業文化の道」では，基礎的データに基づき，専門家によるSTP重視のマーケティングが実践されていた。そして，ノルトライン・ヴェスト・ファーレン州（以下「NRW州」），ルール地域連合，ツォルフェライン財団等，多様な組織がそれぞれの役割を果たしていた。これにより，持続可能なマネジメントが実現されていることについて，考察していく。

　第7章では，"民間主導"の観点から，ドイツ・アウトシュタットにおける"稼ぐ"産業観光の取り組みを考察する。アウトシュタットでは，企業（フォルクスワーゲン社）が産業観光を通じて，消費者の自社製品やサービスに対する親近感やロイヤルティを醸成し，小売部門の収益性確保に努めていることが分かった。そして，産業観光そのものにとどまらず，他の観光資源や飲食・宿泊等を含む来訪者の求める需要を全て満たす取り組みが実践されていた。自動車のテーマパーク（アウトシュタット）におけるこれら一連の取り組みについて，考察していく。

　第8章では，第6章と第7章の分析に基づき，日本の産業観光における4つの課題解決策（命題），言い換えると，産業観光活性化方策を提示する。すなわち，命題①：基礎的データを考慮したマーケティング，命題②：多様な組織による持続可能なマネジメント，命題③：小売部門と連携したマーケティング，命題④：産業観光を軸とした地域の魅力向上，の4点である。

　第9章と第10章では，第8章で提示した4つの課題解決策（命題）の妥当性

を検討していく。具体的には，産業観光の訪問客（観光客）に着目した上で，彼らの産業観光に対するニーズを探るべく，4つの課題解決策（命題）に基づくWebアンケート調査を行い，その結果を分析している。第9章では，これら4つの課題解決策（命題）について，名古屋・中京地域の産業観光への適用を試みる。名古屋・中京地域は"ものづくり"の活発な地域であり，日本の産業観光発祥の地と位置づけられている。これまで，「産業観光推進懇談会」（AMIC: Aichi Museum and Indutrial Sightseeing Conference）が中心となって，観光客の受入体制整備，情報発信等を進めてきた。このような名古屋・中京地域において，「能動的な観光客」と「支出意欲旺盛な観光客」への対応強化の必要性を明らかにしていく。

第10章では，上述の4つの課題解決策（命題）について，地域一体型オープンファクトリーへの適用を試みる。オープンファクトリーは，産業観光の新たな潮流と位置づけられる。2010年代，オープンファクトリーの取り組みは，東京都内の産業集積地から始まり，全国に拡大した。オープンファクトリーは，来訪者にとって，地域の魅力を認識する機会となり，企業にとって，商品開発におけるイノベーションや企業同士のコラボレーションの機会等として期待されている。こうしたオープンファクトリーについて，「多様なサービス」への対応強化の必要性に言及する。

終章では，本書のまとめを行い，結論を述べる。

最後に，補論では，「富山県の観光土産品と地域創生」について，述べることとしたい。これは，筆者が2019年に行った消費者購買調査（51人）に基づき，消費者（来訪者）の富山県の観光土産品に対する需要を明らかにしたものである。ここまで本書では，来訪者の産業観光に対するニーズを的確に把握する重要性を指摘してきた。すなわち，来訪者アンケート調査の結果分析を通じて，産業観光の改善提案を行ってきた。そこで，補論では，「来訪者（観光客）の需要分析の重要性」という観点から，観光土産品に対する消費者（来訪者）の需要分析について考察する。産業観光に関する内容ではないが，来訪者アンケート調査の分析の一例として位置づけられよう。

注

1) 本書において，「収益性」とは，損益計算書 P/L (Profit and Loss Statement) における「収益」「費用」「利益」のうち，「収益」の部分をいうものとする。すなわち，本書では，「収益」から「費用」を差し引いた「利益」というよりは，「収益」確保のあり方を検討していく。より具体的には，「収益」のうち，商品やサービスを販売して得た「売上高」向上に着目する。

2) 本書では，マーケティングを「市場のニーズを汲み取って，売れる仕組みを構築すること」と定義する。このための具体的手段として，マーケティングの STP を採用する。STP とは，Kotler, P. ; Keller, K. L. (2006) によると，①市場細分化 (Segmentation)，②標的設定 (Targeting)，③ポジショニング (Positioning) の頭文字を取ったもので，「誰に (標的市場をどうするか)，何を (提供価値は何か)，いかに (提供方法をどうするか)」を考えるための基本的概念である。

3) 観光地経営組織 DMO (Destination Management/Marketing Organization) とは，高橋 (2017) によると，「自治体と民間事業者による観光ビジネスの共同体で，観光地経営を担うための機能と高い専門性を有し，観光行政との役割分担による権限と責任を明確にしたプロフェッショナルな組織」のことをいう。

4) 本書において，「トータルサービス」とは，「観光地 (供給側) が観光客 (需要側) に対して，単一の観光施設やサービスの提供にとどまらず，複数の観光施設やサービス，飲食・宿泊・イベント等に関する施設やサービスをまとめて提供すること」をいうものとする。この「トータルサービス」の概念について，例えば「何をどこまで満たせばトータルサービスなのか」等，その考え方や基準について，今後，研究を進める中で精査したい。

5) 「地域一体型オープンファクトリー」とは，経済産業省ウェブサイト「地域一体型オープンファクトリー」によると，「ものづくりに関わる中小企業や工芸品産地など，一定の産業集積がみられる地域を中心に，企業単独ではなく，地域内の企業等が面として集まり，生産現場を外部に公開したり，来場者にものづくりを体験してもらう取組」のことをいう。

6) ニューツーリズムとは，国土交通省ウェブサイト「ニューツーリズムの振興」によると，「従来の物見遊山的な観光旅行に対して，これまで観光資源と認識されていなかった地域固有の資源を新たに活用し，体験型・交流型の要素を取り入れた旅行形態のこと」をいう。活用する観光資源に応じて，エコツーリズム，グリーンツーリズム，ヘルスツーリズム，産業観光などが挙げられ，旅行商品化の際に地域の特性を生かしやすいことから，地域活性化につながるものと期待されている。なお，2016 年，「ニューツーリズム」は「テーマ別観光」に名称変更された。2020 年，「テーマ別観光」に対する国土交通省の支援は終了している。

第1章

コロナ後の観光

1. コロナ後の観光

(1) コロナ後の観光と産業観光

　2023年5月8日（月），新型コロナウイルス感染症の感染法上の位置づけが，5類感染症に変更された。これを受けて，2020〜22年度の3年間で大きく落ち込んだ国際観光，そして国内観光は，今後，本格的な復興が待たれる状況にある。コロナ後の観光では，8つの視点，すなわち，①温暖な気候，②自然，③文化，④食事，⑤観光産業，⑥高付加価値化，⑦混雑回避，⑧DX（Digital Transformation）がこれまで以上に求められるであろう。

　また，コロナ後の観光では，体験型・交流型の要素を取り入れたニューツーリズム（テーマ別観光）の重要性がより一層増すであろう。本書では，ニューツーリズムの一形態と位置づけられる産業観光の現状と課題を明らかにしていく。産業観光は，コロナ後における着地型観光の有力な一形態と位置づけられよう。例えば，産業観光の先進地域とされる欧州諸国では，イギリスのアイアンブリッジ，オランダのロッテルダム，ドイツのルール地域など，様々な産業観光の取り組みが存在する。日本でも，2014年の「富岡製糸場と絹産業遺産群」に続き，2015年に「明治日本の産業革命遺産」が世界遺産登録されるなど，産業観光による観光地域づくりが今まさに注目されている。

　コロナ後，日本が再び観光立国を目指す過程において，産業観光に着目する意義は大きい。

（2）近年の観光の動向

　2022年10月11日（火），日本の国際観光・国内観光を促進する2つの施策が講じられた。1つ目は，国際観光における新型コロナウイルス感染症に関する水際措置の見直しである。その内容は，入国者総数の上限撤廃，ワクチン接種証明書の提示による入国時検査の免除等で，これまでの国際観光の抑制要因を撤廃するものであった。

　2つ目は，国内観光に関する全国旅行支援の開始である。その内容は，旅行代金の40％割引とクーポン券の配布等で，国内観光の促進を図るものであった。

　ここで，日本における近年の国際観光と国内観光の状況を整理しておきたい。2011年の東日本大震災以降，訪日外国人旅行者数の推移（インバウンド）（図表1-1）は右肩上がりに増え，コロナ前の2019年には過去最多の3,188万人を記録した。この理由として，いわゆる格安航空LCCの拡大，訪日プロモーション（VJ〔Visit Japan〕事業）の効果等が挙げられる。これがコロナ禍でほぼ消滅し，20年412万人，21年25万人であった。22年，同年10月に水際措置見直しが

図表1-1　訪日外国人旅行者数（インバウンド）・出国日本人数（アウトバウンド）の推移

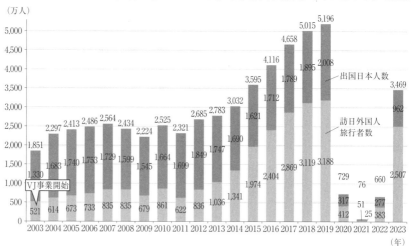

（出所）国土交通省ウェブサイト「訪日外国人旅行者数・出国日本人数」に筆者一部加筆。
　　　https://www.mlit.go.jp/kankocho/siryou/toukei/in_out.html
　　　（閲覧日：2023年8月20日）

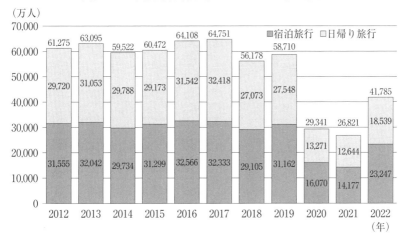

図表 1-2　国内旅行者数（ドメスティック）の推移

（出所）国土交通省（各年度）『旅行・観光消費動向調査』に基づき，筆者作成。

あり，383 万人と回復の兆しが見られた。そして 2023 年 5 月 8 日（月）には，新型コロナウイルス感染症の感染法上の位置づけが，5 類感染症に変更されている。これに伴い，23 年には 2,507 万人まで回復した。

　出国日本人数の推移（アウトバウンド）（図表 1-1）については，しばらくの間横ばいであったが，コロナ前の 2019 年に過去最多の 2008 万人を記録した。しかしコロナ禍に伴い，20 年 317 万人，21 年 51 万人と大きく落ち込んだ。22 年，同年 10 月の水際措置見直しに伴い，277 万人と回復の兆しが見られる。

　そして日本人国内旅行者数の推移（ドメスティック）（図表 1-2）については，2012～19 年の間，6 億人程度でしばらく横ばいであった。これがコロナ禍に伴い，20 年 2 億 9,341 万人，21 年 2 億 6,821 万人と落ち込んでいる。22 年，行動制限の緩和に伴い，4 億 1,785 万人とやや持ち直しの傾向が見られる。

　2022 年 10 月 11 日（火）の水際措置見直し及び全国旅行支援の開始以降，新型コロナウイルス感染症に伴う緊急事態宣言や蔓延防止措置等，行動制限は行われていない。今後，上述の施策により，2020～22 年の 3 年間で大きく落ち込んだ国際観光・国内観光は，本格的な復興が待たれる状況にある。

2. コロナ後の観光に求められる視点

(1) 視点①〜⑤ 温暖な気候，自然，文化，食事，観光産業

　このように，本格的な復興が待たれる日本の観光において，求められる視点を8つ挙げたい。(1)では，このうち5つを考察していく。これら5つの視点は，デービット・アトキンソン (2015) の挙げる4つの条件＋αに該当する。彼は，観光立国の条件として5つの視点 (つまり4つの条件＋α，以下同様) を挙げ，このうち多くの条件を満たす国こそが観光立国になりうるとする。ここで彼は，日本という1つの国を対象に議論を展開している。しかし，この4つの条件＋αは，1つの国はもちろん，都道府県や市町村といった大小様々な地域にも適

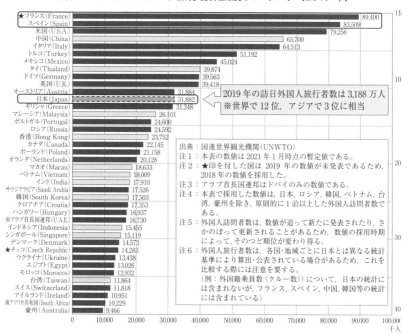

図表1-3　インバウンド旅行者数国別ランキング (2019年)

2019年の訪日外国人旅行者数は3,188万人
※世界で12位，アジアで3位に相当

出典：国連世界観光機関(UNWTO)
注1：本表の数値は2021年1月時点の暫定値である。
注2：★印を付した国は2019年の数値が未発表であるため，2018年の数値を採用した。
注3：アラブ首長国連邦はドバイのみの数値である。
注4：本表で採用した数値は，日本，ロシア，韓国，ベトナム，台湾，豪州を除き，原則的に1泊以上した外国人訪問者数である。
注5：外国人訪問者数は，数値が追って新たに発表されたり，さかのぼって更新されることがあるため，数値の採用時期によって，そのつど順位が変わり得る。
注6：外国人旅行者数は，各国・地域ごとに日本とは異なる統計基準により算出・公表されている場合があるため，これを比較する際には注意を要する。
（例：外国籍乗員数（クルー数））について，日本の統計には含まれないが，フランス，スペイン，中国，韓国等の統計には含まれている）

（出所）国土交通省ウェブサイト「入国者数ランキング」に筆者一部加筆。
https://www.mlit.go.jp/kankocho/siryou/toukei/ranking.html
（閲覧日：2023年8月20日）

用可能な汎用的な視点と考えられる。

　ここから，5つの視点について考察していく。1つ目の視点は，温暖な気候である。本来的に，人間は温暖な気候を求めて旅行に出向いていく。例えば，欧州では，地中海沿いの温暖な気候に恵まれたフランスやスペインは，多くの観光客を集める観光立国となっている。実際，これら両国は，インバウンド旅行者数国別ランキング（2019年）で，それぞれ1位と2位に入る観光立国である（図表1-3）。一方，寒冷なドイツやイギリスでは，多くの国民が温暖な気候を求めて海外へ出ていく傾向にある。実際，これら両国は，アウトバウンド旅行者数国別ランキングで，それぞれ2位と3位に入るアウトバウンド大国といえる（図表1-4）。

　2つ目の視点は，自然である。特に大自然は，海外旅行の一大目的となりうる。例えば，オーストラリアは，エアーズロック（砂岩），グレートバリアリーフ（珊

図表1-4　アウトバウンド旅行者数国別ランキング（2019年）

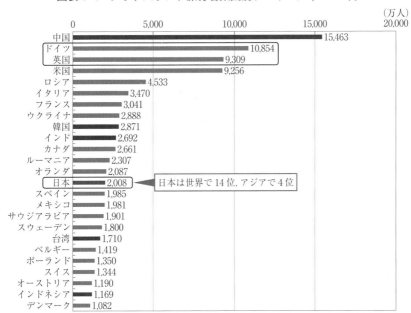

（出所）国土交通省（2021）『観光白書』観光戦略課観光統計調査室に筆者一部加筆。

瑚礁），キュランダ（熱帯雨林）に代表される大自然により，旅行者を魅了してきた。Tourism Australia（2020）によると，海外旅行に出かける日本人のうち，大自然を求める旅行者の多くがオーストラリアへ出かけていることが分かる（図表1-5）。なお，文化・歴史・遺産を求める旅行者はギリシャ，フランス，イタリア等へ，美味しい食事を求める旅行者はフランス，イタリア，スペイン等へ，それぞれ出かけていることが分かる。

　また，日本へ来る外国人旅行者の訪問別ランキング（2019年）を見ると，いわゆる東京，京都，大阪等のゴールデンルート以外に，北海道8位と沖縄10位が上位に入っている（図表1-6）。ここから，大自然は旅行者の大きな行き先の1つとなっていることが分かる。

　3つ目の視点は，文化である。この文化には，歴史遺産や建造物のほか，現代の文化も含まれる。例えば，観光先進国フランス（インバウンド旅行者数国別ランキング1位）は，ルーブル美術館やヴェルサイユ宮殿，ファッションブランド等，芸術文化で世界中の旅行者を魅了している。中国（同4位）は，万里の長城，兵馬俑，故宮等，歴史遺産に事欠かない。またアメリカ（同3位）では，ディズニーリゾートやハリウッドに代表される文化産業が確立されている。観光立国の多くは，こうした世界に誇る文化を持ち合わせていることが分かる。この文化は，旅行者がその国を訪問する大きな動機となりうる。

　4つ目の視点は，食事である。その国，その地域独自の食事は，旅行者誘致のための重要な要素となる。観光先進国では，フランス料理，イタリア料理，中国料理等，いずれもその国独自の料理があり，多くの旅行者を魅了している。例えば，国土交通省（2020）によると，外国人が「訪日前に期待していたこと」（2019年）の1位は「日本食を食べること」（69.7%）となっている（図表1-7）。ここから，旅行者にとって，旅行先における食事は重要な要素となっていることが分かる。

　5つ目の視点は，観光産業，つまり旅行先のレストラン，ホテル，ショッピングセンター等の施設である。すなわち，非常に素晴らしい自然や文化があっても，旅行者が訪問・体験しづらいありのままの自然や文化では，観光資源と

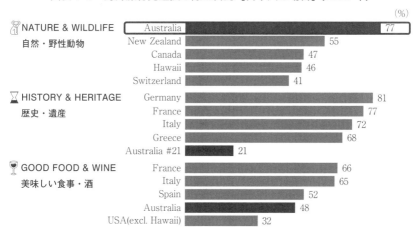

図表 1-5　海外旅行先選択の際の目的【日本人の場合】(2020 年)

（出所）Tourism Australia (2020), "High Value Traveller Fact Sheet 2020：Japan," に筆者一部加筆。

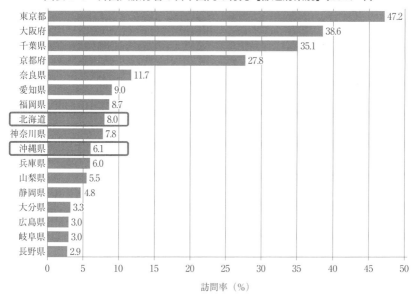

図表 1-6　外国人旅行者の日本国内の行先【都道府県別】(2019 年)

（出所）日本政府観光局ウェブサイト「訪日旅行について調べる」に筆者一部加筆。
　　　　https://statistics.jnto.go.jp/graph/#graph--inbound--prefecture--ranking
　　　　（閲覧日：2023 年 8 月 20 日）

図表 1-7　外国人旅行者が「訪日前に期待していたこと」【全国籍・複数回答】(2019 年)

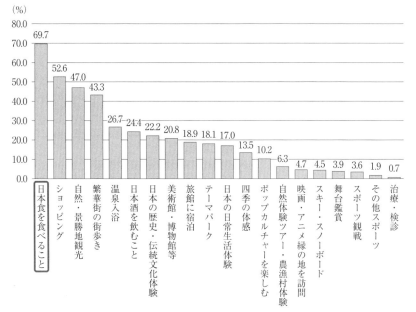

(出所) 国土交通省 (2020)『訪日外国人消費動向調査』同省観光庁観光戦略課観光統計調査室に
基づき，筆者作成。

なりづらい。極端な話，アマゾンのジャングルは手つかずの大変素晴らしい大
自然であるが，レジャーで訪問する旅行者は少ない。なぜなら，アマゾンのジャ
ングルには，旅行者向けのレストラン，ホテル，ショッピングセンター等が存
在しないためである。旅行先では，これまで述べてきた温暖な気候，自然，文
化，食事を引き立てる要素として，旅行者にとって必要な供食・宿泊・娯楽施
設の提供が求められる。日本人は，自然を求めてハワイやオーストラリアへ行
くが，同時に，美味しいレストラン，快適なホテル，ショッピングセンターで
の買い物に期待する部分が大きい。このように，観光立国の推進に向けて，観
光産業 (レストラン，ホテル，ショッピングセンター等) は重要な条件となる。
　さて，ここまで述べてきた 5 つの視点について，我々日本人が海外旅行へ行
くことを考えると，分かりやすいであろう。多くの日本人は，温暖な気候を求

めてハワイに，大自然を求めてオーストラリアに，美味しい食事を求めてフランスや香港に，文化を求めてイタリアや中国に旅行してきた。そして，いずれにおいても，観光産業は欠かせない要素と見なしうる。コロナ後の観光，そして産業観光のあり方を考える際，これら5つの視点は重要な要素といえるであろう。

(2) 視点⑥ 高付加価値化

引き続き，(2)～(4)において，コロナ後の観光に求められる6～8つ目の視点について考察していく。これら6～8つ目の視点は，筆者が近年の動向から見極めたものである。

6つ目の視点は，高付加価値化である。すなわち，観光客の数を増やすのではなく，観光客1人当たりの消費金額を増やすべく，発想の転換が求められる。

これまで日本の政府や自治体は，「外国人観光客○万人誘致」というように，人数（量）目標のみに固執する傾向にあった。しかしこの場合，外国人観光客の数は多いが，1人当たりの消費金額は少ない薄利多売に陥りかねない。また，観光客の人数が増えれば，観光地や宿泊先等で観光客1人1人にしっかり丁寧に対応できない。政府の観光政策には，一方で「おもてなし」（質）を掲げながら，他方で大量の観光客を捌く（量）ことを求める，という矛盾する一面が見受けられる。

2023年3月，政府の観光政策がようやく量から質への転換に舵を切った。すなわち，政府の「観光立国推進基本計画」に，外国人旅行客1人当たり消費額を2025年までに20万円とする目標が盛り込まれた。観光政策の量から質への転換として，注目されよう。

実際，コロナ前の2019年，訪日外国人旅行者数は3,188万人となり，東京，京都，大阪，北海道等，主要観光地はオーバーツーリズム（観光公害）の発生する状況にあった。例えば，コロナ前の2019年，京都では清水寺や金閣寺等の主要観光地に年間5,000万人以上の観光客が訪れ，その混雑と周辺環境の悪化が問題となっていた。受入可能な観光客数に限度があることに鑑みれば，観

光客の数（量）を制限した上で，消費金額（質）の向上を図ることに注力すべきであろう。

　宗田（2020）によると，日本の観光先進地・京都では，観光の量から質への転換が進んでいたとされる。彼は，2016〜19年の4年間において，京都市では観光客総数が横ばいまたは減少であった一方，観光消費額が増加している，言い換えると量から質への転換が進んでいたことを指摘している。この背景として，訪日外国人旅行者の増加に伴う宿泊客の増加が挙げられている。

　近年，京都では，2021年開業の「ロク　キョウト　LXRホテルズ＆リゾーツ」等，客室単価10万円超の高級ホテル建設が相次いでいる。2017年，京都市は観光の質向上を目指す「上質宿泊施設誘致制度」を開始した。この制度に基づき，2024年に「シャングリ・ラ京都二条城」，2025年に「ローズウッド」の開業が予定されている。いずれも海外資本である。これらは，海外からの富裕層の誘致を狙った動きであり，脱・薄利多売に資する動きといえよう。

　また，訪日外国人旅行者の誘致についていえば，これまで日本では，近隣の韓国，台湾，香港，中国等，アジア諸国からの旅行者が多かった。実際，日本政府はこれらアジア諸国に対して，訪日旅行をPRしてきた。しかし，1人当たり消費額に着目すれば，欧米や豪州からの旅行者を積極的に誘致すべきであろう（図表1-8）。

　2019年の1人当たり旅行消費額（図表1-8）を見ると，1位オーストラリア247,868円，2位イギリス241,264円，3位フランス237,420円であった。欧米や豪州は，総じて高いことが分かる。一方，中国212,810円を除けば，韓国76,138円，台湾118,288円，香港155,951円と総じて低い状況にある。

　実際，高橋（2017）によると，DMO田辺市熊野ツーリズムビューローでは，旅行客誘致のターゲットについて，団体旅行客の多い中国や台湾ではなく，個人旅行客の多い欧米豪に絞っている。これにより，適正な人数を受け入れるとともに，収入増加を実現している。

　国土交通省（2022）では，宿泊業や旅行業の課題に言及した上で，地域観光の再生策をまとめている。ここでのキーワードは，「稼げる地域・稼げる産業

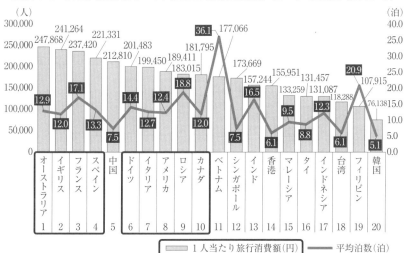

図表 1-8　外国人旅行者の「1人当たり旅行消費額」と「平均泊数」(2019年)

(出所) 国土交通省 (2020)『訪日外国人消費動向調査』同省観光庁観光戦略課観光統計調査室に基づき, 筆者作成.

の実現」である。すなわち, 現在, 日本の観光産業の課題として, 労働者の待遇改善が挙げられる。例えば, 2020年, 国土交通省 (2021)『観光白書』によると, 宿泊業の年間賃金 (362万円) は全産業 (487万円) と比較して大幅に低い, 宿泊業の非正規比率 (53.8%) は全産業 (37.1%) と比較して高い, そして宿泊業の離職率 (33.6%) は全産業 (15.6%) と比較して高い, という状況にある。こうした従業員の待遇を改善し, 観光産業を持続可能な産業としなければ, 日本は真の観光立国とはなりえない。日本では, 観光で「稼ぐ」という発想が乏しかったといえよう。

このような観点から, 日本の観光では, 観光消費額の増加を図る, すなわち高付加価値化が求められている。このことは, 今後の日本の観光, そして産業観光のあり方を考える際にも, 留意すべき重要な拠り所といえよう。

(3) 視点⑦ 混雑回避

7つ目の視点は, 混雑回避である。従前より, 日本では, 年3回の繁忙期,

すなわちゴールデンウィーク（5月），旧盆（8月），年末年始（12〜1月）に，多くの旅行者が集中する傾向にある。一方，これ以外の閑散期，特に平日や冬季は需要が低迷する状況にある。このことは，観光客にとっても交通・宿泊等の観光事業者にとっても，望ましいこととはいえない。これまで，観光産業における需要の平準化は，大きな課題であった。

こうした中，コロナ禍（2020〜22年度）に伴い，観光客は"密"を避ける観光を志向するようになった。この結果として，混雑の平準化が一定程度図られるに至ったと考えられる。こうしたコロナ禍に伴う観光のトレンド変化について，考察したい。

コロナ禍（2020〜22年度）において，身近なニューノーマルがいくつも登場した。ここでニューノーマル（New Normal）とは，「新しい常態」または「新常態」のことをいう。[3] コロナ禍によって，日常生活は大きく変わった。例えば，働き方では，テレワーク，オンライン会議，時差通勤などが定着しつつある。国土交通省（2021）『観光白書』によると，観光分野では，マイクロツーリズム，ワーケーション，分散型旅行等が注目されている。

ここでマイクロツーリズムとは，同一都道府県内や車で2〜3時間圏内等，移動を最小限に抑えた旅行スタイルのことをいう。ワーケーションとは，Work（仕事）とVacation（休暇）を組み合わせた造語で，「普段の職場や自宅と異なる場所で仕事を行いながら，自分の時間も過ごすこと」をいう。分散型旅行とは，時間や場所を分散して，混雑を避ける旅のことをいう。例えば，週末ではなく平日を，主要観光地ではなく隠れた観光地を，日中ではなく朝や夜を選択して，混雑を避けることが挙げられる。いずれも，国土交通省観光庁が推奨する"密"を避けた新しい観光トレンドである。

実際，国土交通省（2021）『観光白書』によると，2019年（コロナ前）と2020年（コロナ禍）の比較において，旅行形態の変化を見て取ることができる。例えば，県内旅行者の割合の増加（7.0%），1泊旅行の割合の増加（12.4%），同行者における夫婦やパートナーの割合の増加（7.2%），個人旅行の増加（4.4%）等が挙げられる（図表1-9）。

図表 1-9　コロナ禍に伴う旅行形態の変化（2019 年）

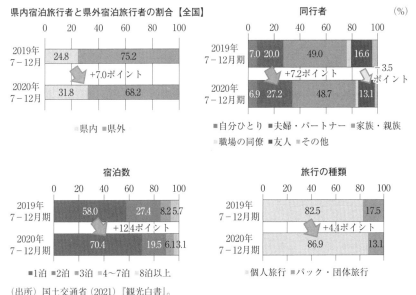

県内宿泊旅行者と県外宿泊旅行者の割合【全国】

	0	20	40	60	80	100

2019年7-12月　24.8　75.2

+7.0ポイント

2020年7-12月　31.8　68.2

■県内　■県外

同行者　(%)

2019年7-12月期　7.0　20.0　49.0　16.6

+7.2ポイント　－3.5ポイント

2020年7-12月期　6.9　27.2　48.7　13.1

■自分ひとり　■夫婦・パートナー　■家族・親族
■職場の同僚　■友人　■その他

宿泊数

2019年7-12月期　58.0　27.4　8.2　5.7

+12.4ポイント

2020年7-12月期　70.4　19.5　6.1　3.1

■1泊　■2泊　■3泊　■4～7泊　■8泊以上

旅行の種類

2019年7-12月期　82.5　17.5

+4.4ポイント

2020年7-12月期　86.9　13.1

■個人旅行　■パック・団体旅行

（出所）国土交通省（2021）『観光白書』。

　こうした混雑回避の視点は，コロナ後の観光においても変わらないであろう。

(4) 視点⑧ DX (Digital Transformation)

　8つ目の視点は，DX (Digital Transformation) である。すなわち，デジタル技術の活用による業務改善である。ここでは，宿泊施設の事例について，考察したい。

　これまで，宿泊施設では，経営者の経験と勘によって，需要予測と価格設定が行われてきた。しかし近年，観光地経営組織 DMO の主導により，地域全体の宿泊施設のデータ（宿泊日，人数，金額，居住地等を）を共有・活用することで，より効率的・効果的に宿泊客誘致を行う取り組みが見られるようになってきた。具体的には，①宿泊客の主な出発地を分析して集中的に広告する，②他社のデータを参照して自社の宿泊料金を工夫する，といったことが行われている。

　例えば，2022 年 6 月，豊岡 DMO では，ウェブプラットフォーム「豊岡観光 DX 基盤」を導入した。これは，城崎温泉の旅館 45 軒の予約データを自動

で収集・分析するシステムである。各旅館は，他社や地域全体のデータを参照しながら，需要予測や価格設定に生かすことができる。狙いは，各旅館がデータに基づく精緻な経営を行うことで，宿泊施設の経営改善，地域全体の活性化を図ることにある。

　また，コロナ後，DX 活用による 3 密回避に取り組む宿泊施設が出てきた。宿泊施設が浴場の混雑状況をリアルタイムで配信して，この情報を宿泊客がスマートフォンで把握できる仕組みを導入するといった取り組みが見られる。

　例えば，2021 年 1 月，高級リゾートホテル「ANA インターコンチネンタル別府リゾート＆スパ」では，浴場やレストラン等の混雑度を時間帯ごとに利用者へ提供する仕組みを導入している。[5] すなわち，職員が各施設の最新の混雑状況をスマホやタブレットに適宜入力する。その上で，宿泊客は館内の 2 次元バーコードをスマホで読み取ると，各施設の混雑状況を確認できる仕組みである。

　このように，DX 活用による顧客満足度の向上は，コロナ後の観光における重要な視点といえよう。

注
1) 2003 年の観光立国宣言以降，政府がインバウンド推進に取り組む主な理由として，人口減少・少子高齢化に伴う経済成長鈍化への危機感が挙げられる。つまり，国内消費の減少分を補う存在として，インバウンドによる観光消費の増大に期待しているのである。2018 年時点において，定住人口 1 人当たり年間消費額は 127 万円，訪日客 1 人当たり旅行支出額は約 15 万円という状況であった。ここから，定住人口 1 人減少分を，訪日客 8 人増加分で補えることが分かる。『日本経済新聞』2020 年 10 月 2 日付「これからの観光を考える (2) インバウンド重視の理由」。
2) 『日本経済新聞』2022 年 7 月 27 日付「観光・京都のにぎわい再び，富裕層狙うホテルが続々」。
3) すなわち，「社会に大きな変化が起こり，以前と同じ状況に戻ることはできず，新たな常識が定着する」ことを意味する。このニューノーマルは，2000 年代初頭のインターネット時代の到来時，2008 年のリーマンショック後など，これまでの常識が通用しない「新常態」を指す用語として用いられた。そしてコロナ禍に見舞われた現在，コロナ後の「新常態」を指す用語として用いられている。
4) 『日本経済新聞』2022 年 9 月 29 日付「城崎温泉，街で宿泊データ共有『企業秘密』あえて開放」。
5) 『日本経済新聞』2021 年 1 月 26 日付「店の混み具合，低コストで通知　大分の新興企業がサービス」。

第2章

産業観光の意義と役割

1. 産業観光の経緯

(1) ニューツーリズムと産業観光

　近年，日本が観光立国を志向する過程において，ニューツーリズムが注目されている。このニューツーリズムのうちの1つの形態として，後述する産業観光は位置づけられている。このニューツーリズムは，活用する観光資源に応じて，エコツーリズム，グリーンツーリズム，ヘルスツーリズム，産業観光などが挙げられ，旅行商品化の際に地域の特性を生かしやすいことから，地域活性化につながるものと期待されている（図表2-1）。

　地域がこのニューツーリズムを手掛ける際，地域に存在する様々な地域資源をどのような観点から生かすかという「編集視点」が重要となる（図表2-2）。すなわち，どの地域にも，地域独自の自然，産業，風土，温泉，芸能，食等が存在する。これら地域資源について，産業の視点から掘り下げれば産業観光が，医療の視点から掘り下げれば医療観光が，それぞれ可能となる。一例として，兵庫県西宮市を考えてみたい。西宮市といえば，甲子園である。これに着目すれば，スポーツ観光が可能となる。そして西宮市といえば，日本有数の酒処である。これに着目すれば，産業観光が可能となる。また西宮市といえば，アニメ「涼宮ハルヒの憂鬱」の聖地である。これに着目すれば，アニメツーリズムが可能となる。

　こうしたニューツーリズムは，コロナ後の観光においても，引き続き，重要な要素となりうる。以下，ニューツーリズムのうち，産業観光に注目していく。

図表 2-1　観光立国推進基本計画（2007年）に位置づけられたニューツーリズム

名　称	内　容
エコツーリズム	自然環境や歴史文化を対象とし，体験し，学ぶもの（ホエールウォッチング，植林ボランティアツアーなど）
グリーンツーリズム	農山漁村地域において，自然・文化・人々との交流を楽しむ滞在型余暇活動（農作業体験，農林漁家民泊など）
文化観光	日本の歴史・伝統といった文化的な要素に対する知的欲求を満たすことを目的とするもの
産業観光	歴史的・文化的価値のある工場等やその遺構，機械器具，最先端の技術を備えた工場・工房等を対象とした観光で，学びや体験を伴うもの
ヘルスツーリズム	自然豊かな地域を訪れ，そこにある自然・温泉や身体に優しい料理を味わい，心身ともに癒され，健康を回復・増進・保持するもの
スポーツ観光	プロ・アマスポーツ観戦等の「見るスポーツ」，マラソン・ウォーキング等の「するスポーツ」への参加を目的とする観光
医療観光	外国人が日本の医療機関等での治療・検診等を目的として訪日旅行し，併せて国内観光を行うもの
ファッション・食・映画・アニメ等×観光	日本のファッション・食を目的とした訪日旅行，ヒット映画のロケ地訪問，アニメ関連スポット訪問等
その他	フラワーツーリズム，長期滞在型観光　など

（出所）産業観光推進会議（2014）p.44 図表 1-4 を筆者一部修正。

図表 2-2　ニューツーリズムの「編集視点」

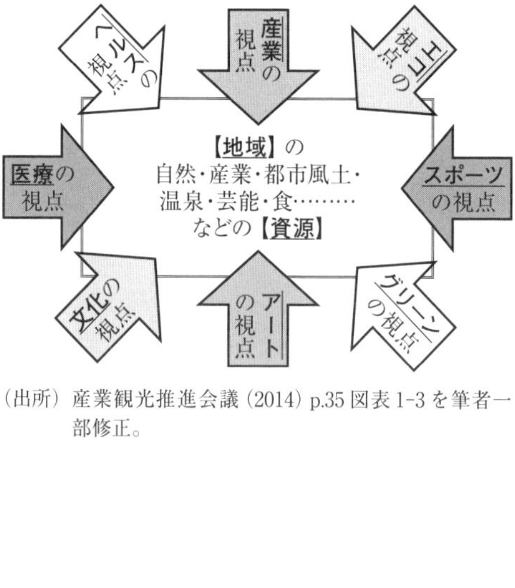

（出所）産業観光推進会議（2014）p.35 図表 1-3 を筆者一部修正。

(2) 産業観光の歴史

　産業を観光することの発端は，1851年のロンドン万博に始まる。同万博では，産業革命の成果を世界に宣伝することが目的とされた。例えば，水晶宮（クリスタルパレス）は，ガラスと鉄という当時最先端の素材で作られ，訪問客を驚かせた。

　そして1950年，フランス経営者協会の輸出振興策が挙げられる。同国政府は，自国企業の製品の海外輸出振興を図るべく，企業に対して，海外からの視察の企業の生産現場への受け入れを奨励したのであった。ここでは，企業関係者の視察にとどまらず，観光客による見学も考慮されていた。

　日本では，2005年の「愛・地球博」を契機として，産業観光の取り組みが始まった。万博の開催が決まった愛知・名古屋では，大きな懸念事項があった。それは，愛知・名古屋には，万博に来る多くの観光客に見てもらう観光地，つまり名所旧跡，温泉，自然等がほとんど存在しないということであった。そこで，愛知・名古屋では，製造業出荷額日本一，世界に通用するものづくり企業や産業ミュージアムの集積に着目し，これらを新たな観光資源にするという，いわば逆転の発想に至ったのである。

　このような経緯に基づき，2001年，「産業観光サミット in 愛知・名古屋」が開催された。特筆すべきは，ここで産業観光の定義が定められことであろう。すなわち，「産業観光とは歴史的・文化的価値のある産業文化財（古い機械器具，工場遺構などのいわゆる産業遺産），生産現場（工場，工房等）および産業製品を観光資源とし，それらを通じてものづくりの心にふれるとともに，人的交流を促進する観光活動をいう」とされた。

　これ以降，産業観光という用語が日本で広く普及することとなった。2007年の観光立国推進基本法に基づく観光立国推進基本計画では，「産業観光の推進」が盛り込まれている。

(3) 世界遺産登録と産業観光

　近年，産業遺産の世界遺産登録に伴い，産業観光が脚光を浴びている。欧米

（出所）2023 年 5 月 6 日（土），筆者撮影。

では，産業遺産が早い段階から世界遺産登録され，保存と観光の対象となって
きた。1978 年には，ヴィエリチカ岩塩坑（ポーランド）が産業遺産として初め
て世界遺産登録されている（写真 2-1）。1994 年，世界遺産委員会において，欧
州に偏った世界遺産登録の見直しが提案された。

　産業観光推進会議（2014）によると，世界遺産登録された主な産業遺産は，
鉱山 17 件，製鉄業 4 件，岩塩坑 3 件，紡績業 4 件，鉄道 5 件，運河 4 件，橋
梁 2 件となっている。

　日本では，2007 年，「石見銀山遺跡とその文化的景観」がアジアの産業遺産
で初めて世界遺産登録された。続いて 2014 年には，「富岡製糸場と絹産業遺産
群」が世界遺産登録されている。富岡製糸場は，1873 年，フランスの技術に
より，生糸の大量生産を実現した製糸場である。そして 2015 年，「明治日本の
産業革命遺産」が世界遺産登録された。キーワードは，西洋の技術により近代
化を果たした製鉄，鉄鋼，造船，石炭産業である。ここでは，8 県（山口，福岡，

図表 2-3　明治日本の産業革命遺産　一覧

1.【山口】エリア(1)	5.【熊本】エリア(1)	8.【熊本】エリア(2)
・大板山たたら製鉄遺跡	・三池炭鉱宮原坑 ・三池炭鉱万田坑 ・三池炭鉱専用鉄道敷跡	・三角西(旧)港
2.【山口】エリア(2)		9.【鹿児島】エリア
・萩反射炉 ・須ケ鼻造船所跡 ・萩城下町　・松下村塾	6.【長崎】エリア(1)	・旧集成館反射炉跡 ・旧集成館機械工場 ・旧鹿児島紡績所技師館 ・寺山炭窯跡 ・関吉の疎水溝
	・小菅修船場跡 ・三菱長崎造船所第三船渠 ・三菱長崎造船所ジャイア 　ント・カンチレバークレーン ・三菱長崎造船所占勝閣 ・旧グラバー住宅	
3.【福岡】エリア		
・八幡製鐵所旧本事務所 ・八幡製鐵所修繕工場 ・八幡製鐵所旧鍛冶工場 ・遠賀川水源地ポンプ室		10.【岩手】エリア
		・橋野鉄鉱山・高炉跡
4.【佐賀】エリア	7.【長崎】エリア(2)	11.【静岡エリア】
・三重津海軍所跡	・高島炭鉱 ・端島炭鉱	・韮山反射炉

(出所) 各種資料に基づき，筆者作成。

佐賀，熊本，長崎，鹿児島，岩手，静岡各県）に及ぶ広域の遺産群を4つの柱（①自力による近代化，②積極的な技術導入，③石炭産業への対応，④重工業化への転換）で束ねている点に特徴がある（図表2-3）。

　これら世界遺産登録された産業遺産では，多くの観光客が訪れるオーバーツーリズム（観光公害）が問題となった。今後，受入体制の整備，持続可能な観光地への取り組みが求められよう。

2. 産業観光の概要

(1) 産業観光の類型

　産業観光の全体像を概観するには，産業観光推進会議（2014）の類型が参考となる。ここでは，幕末から近代以降の産業，都市，地域資源の類型に着目して，産業観光の取り組みを6つの地域（パターン）別に提示している（図表2-4）。

　1つ目は，鉱山地域である。代表例として，端島炭鉱（軍艦島）（写真2-2）や佐渡金山等が挙げられる。ここでは，坑道にとどまらず，鉱夫の暮らしの痕跡や歴史，運搬に使用した鉄道や港等，鉱山町全体を観光客に見せることが重要

図表 2-4　産業・都市の発展類型と固有資源

No.	産業・都市類型	固有資源の種類	典型地域 (事例)
1	鉱山地域	坑道，軌道，策道，精錬所，貯鉱庫，鉱山，事務所，高層煙突，山神社，社宅，企業，病院，学校，芝居小屋，共同風呂等	非鉄金属鉱山 (小坂，石見，佐渡，釜石，生野，新居浜等)，炭山 (空知，いわき，大牟田，荒尾，高島，端島等)，油田 (新津，黒川等)
2	内陸繊維地域	蚕種，蚕室，まゆ蔵，製糸場，ノコギリ屋根，路地，食・文化，ファッション，織姫神社等	足利，桐生，上田，諏訪・岡谷，八王子，富岡，丹後，西陣等
3	電源地域	水源，発電所・変電所，ヘッドタンク，水路橋，橋梁等	水力 (読書，三居沢，猪苗代，八百津，琵琶湖，黒部，曾木等)，原子力 (柏崎等)
4	港湾地域	防波堤，運河，閘門，ハネ橋，港湾事務所，税関，赤煉瓦，石造の古い倉庫，銀行建物等	小樽，函館，室蘭，八戸，横浜，川崎，清水，四日市，半田，神戸，舞鶴，門司，長崎等
5	大都市地域	都市景観，資料館・ミュージアム集積，産業集積，都市型工業や中小工場等の集積	札幌，東京，名古屋，大阪，福岡等
6	田園地域	農村景観 (水車，棚田や長屋門等)，陶器，瓦，和蝋燭，和紙，酒，味噌，醤油，酢等	富良野，遠野，勝沼，砺波，高柳，内子，智頭，脇町，吉良川等

(出所) 産業観光推進会議 (2014) p.143 図表 4-1 を筆者一部修正。

写真 2-2　端島炭鉱 (軍艦島) (長崎県)

(出所) 2022 年 11 月 5 日 (土)，筆者撮影。

となる

　2つ目は，内陸繊維地域である。代表例として，足利，桐生，上田，諏訪・岡谷，八王子，西陣等が挙げられる。ここでは，絹産業を軸とするアーバンツーリズム，すなわち観光客が都市の雰囲気や歴史，街並み等の魅力を体験する仕掛けづくりが求められる。

　3つ目は，電源地域である。代表例として，琵琶湖疎水と蹴上発電所，黒部川発電所等が挙げられる。

　4つ目は，港湾地域である。代表例として，小樽運河や門司港等が挙げられる。

　5つ目は，大消費都市である。代表例として，名古屋の産業観光まちづくりが挙げられる。ここでは，産業観光とまちづくりの連携，関連都市や施設の間のネットワーク構築に向けた取り組み等が推進されている。

　6つ目は，田園地域である。代表例として，内子，智頭等が挙げられる。ここでは，英国発祥のグリーンツーリズムに基づくまちづくりが提唱されている。

（2）産業観光の現状

　羽田・丁野（2007）では，日本の産業観光で広く取り組まれているのは，次の3つの産業とされる。

　1つ目は，伝統的地場産業である。例えば，栃木県益子町（陶器）では，生産過程の実演，展示施設の公開，街並み整備等を長年手掛けてきた。

　2つ目は，食品製造業（飲料や菓子等）である。例えば，富山市の「ますのすし」生産事業者の「源」では，歴史資料の展示，生産現場の公開，食堂での「ますのすし」提供を行い，観光客の立ち寄る定番施設の1つとなっている。これら食品製造業は，産業観光の中にあって，素材・中間財・資本財関連の産業と異なり，消費者にとって身近という特徴がある。

　3つ目は，近代化産業遺産（港湾，工場，鉱山等）である。都市では函館，敦賀，門司港等において，歴史的価値のある港湾倉庫や事務所を商業施設に転用し，観光客の散策や買い物に資するかたちに仕立て上げるケースが見受けられる。また地方では，長崎市の端島炭鉱（軍艦島）に代表されるように，廃坑を

活用した観光施設の整備や観光ツアーの実施が増えている。これらは，近年，世界遺産登録と合わせて，取り組みが活発化している。

（3）産業観光の意義

　産業観光は，観光客，企業，地域の3者にとって，これまでの観光に無い意義を持ち合わせている。

　1つ目に，観光客にとっての意義である。産業観光は，従来の受動型の旅行スタイル，すなわち「美味しいものを食べて，温泉に入って，寺社仏閣を訪問して，土産を買って帰る」といういわゆる物見遊山の旅行と異なる特徴を持ち合わせている。産業観光において，観光客は「見る，体験する，学ぶ」というかたちで地域産業の本物に触れることで，知的欲求の充足を得ることができる。産業観光は，いわば能動型の旅行スタイルということができ，物見遊山の旅行と比べて満足度が高いため，観光客は当該地域のリピーターになりやすいという特徴がある。産業観光推進会議（2014）のアンケート結果では，産業観光体験者の82％がリピートの意向を持っていた。

　2つ目は，企業にとっての意義である。一般的に，流通チャネルにおいて，企業（メーカー）が消費者と接することはない。こうした中，消費者が企業（メーカー）を訪問する産業観光は，企業にとって新たなビジネスチャンスをもたらす。具体的には，企業や製品に対するロイヤルティ醸成，製品の販売，消費者ニーズの把握等，言い換えると新たなビジネスチャンスを得られる。

　3つ目は，地域にとっての意義である。近年，都市と地方とを問わず，多くの地域において産業振興や観光客誘致による地域活性化が課題となっている。こうした中，地域が産業観光に取り組むことで，言い換えると，既存の産業立地を観光と結びつけることで，地域の産業振興と観光客誘致を実現可能となる。産業振興のための企業団地の整備，観光客誘致のための道の駅整備といった新たな財政負担も必要としない。

　このように，産業観光は，観光客，企業，地域の3者にとって，これまでの観光に無い新たな特徴を持ち合わせていることが分かる。

食と健康の産業観光プロジェクト
（長野県上伊那地域）

　第3章では，長野県上伊那地域における地域振興策を明らかにする。特に，ニューツーリズムの可能性に焦点を当てて分析を行う。

　全国有数の観光県・長野県では，観光が主要産業の1つであり，地域経済に占める観光の位置づけは大きい。長野県の観光消費額は2,825億円（2022年）[1]であり，主要産業の生産額（卸売・小売業8,265億円，金融・保険業2,818億円，農林水産業1,519億円（2020年）[2]）と比較して遜色ない規模となっている。こうした状況を踏まえて，第3章では，観光の観点から地域振興策を論ずる。

　そして，観光の中でも，ニューツーリズムに着目する。なぜならニューツーリズムは，財政支出拡大による地域振興が望めない状況下，地域固有の資源を生かした観光地域づくりを推進することで，大きな財政支出を伴わずに観光客の多様化するニーズに対応可能だからである。

　また，全国有数の観光県・長野県において，観光客誘致に苦戦する上伊那地域にあえて焦点を当てる。同地域の観光消費額86億円（2022年）は県内10地域中最下位，県外からの旅行客の割合40.6％は同最下位，宿泊旅行者の割合15.3％は同下から2番目に低迷している[3]。こうした状況にある同地域で有効な地域振興策を提示できれば，他地域における同様の取り組みに示唆を与えることができると考えられる。

　以上を踏まえて，第3章では，ニューツーリズムのうち特に産業観光の観点から，長野県上伊那地域における①食と健康の産業観光プロジェクトと②近代化産業遺産としてのJR飯田線の活用の2つを取り上げる。そして，この2つの取り組みを通じた地域振興策を明らかにする。

　筆者は，2015年1月26日（月）から同年3月26日（木）にかけて，長野県上

伊那地域振興局（当時は「上伊那地方事務所」）の商工観光課と地域政策課へのインタビューを実施した。担当者2名に対して，電話4回，メール4回，郵送1回により，主に ①上伊那地域の観光の動向，②食と健康の産業観光プロジェクト，③近代化産業遺産としてのJR飯田線の活用，の3点について最新情報を明らかにしている。本インタビューで入手した内容については，主に本章の1. と2. に記載している。

　また筆者は，第3章で取り上げる伊那食品工業㈱（かんてんぱぱガーデン）や養命酒製造㈱駒ケ根工場（養命酒健康の森），JR飯田線などにおける複数回の現地踏査を行い，現地の動向を把握している。

1. 長野県上伊那地域の概要

(1) 上伊那地域の特性

　上伊那地域は，長野県南部に位置する伊那市，駒ケ根市，辰野町，箕輪町，飯島町，南箕輪村，中川村，宮田村の8市町村から成り，その人口は約18万人を数える（図表3-1）。中央アルプス・南アルプスの2つのアルプスに抱かれた伊那盆地の北部に位置し，天竜川の河岸段丘や3,000m級の山岳など，美しく雄大な自然景観に恵まれている。

　主な観光地は，千畳敷カール，コヒガンザクラで有名な高遠城址公園，光前寺などが挙げられる。また，上伊那地域は首都圏と中京圏の中間に位置し，中央自動車道により両都市圏からのアクセスは良好である。高速バスにより，新宿から伊那まで約3時間20分（1日29往復），名古屋から伊那まで約3時間（同7往復）で結ばれる（2024年1月現在）。

(2) 上伊那地域の観光の状況

　上伊那地域を訪問する観光客の特徴として，①県外客の割合が低い（40.6%：県内10地域中最下位）②宿泊客の割合が低い（15.3%：同下から2番目），③40歳以上の中高年者が多い（観光客の約8割），といった点を挙げることができる。[4]

図表 3-1　長野県上伊那地域の地図

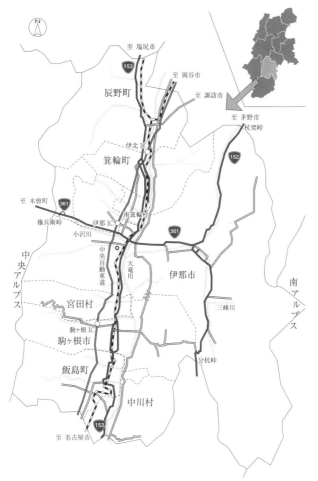

（出所）長野県上伊那地域振興局ウェブサイト「上伊那地域振興局の管内図」（筆者一部加筆修正）。
https://www.pref.nagano.lg.jp/kamichi/kamichi-somu/kannai/gaikyo/kannaizu.html
（閲覧日：2023 年 8 月 22 日）

　このため，上伊那地域では，観光客の多様化するニーズに応える観光資源の
発掘，体験型観光や周遊型広域観光の推進による県外客や宿泊客の増大を図る
取り組みが求められている[5]。長野県総合 5 か年計画では，上伊那地域のこれら

の取り組みを通じて，観光地消費額を62億円（2021年）から105億円（2027年）に増加させる目標を掲げている。

これまでニューツーリズムの分野では，産業観光，グリーンツーリズム，フィルムコミッションのほか，どんぶり街道プロジェクト，B級グルメを活用した観光客誘致の取り組みが行われてきた。

2. 食と健康の産業観光プロジェクト

(1) これまでの取り組み

上伊那地域には，電子・電気部品，機械加工をはじめとする企業立地が見られる。食品・飲料製造企業の一部は，工場見学の実施や敷地の一般開放により，多くの観光客を集めている。主な企業は，伊那食品工業㈱（かんてんぱぱガーデン）（写真3-1），養命酒製造㈱駒ケ根工場（養命酒健康の森），本坊酒造㈱信州マルス蒸留所，南信州ビール㈱駒ヶ根醸造所である。

こうした状況を踏まえ，2008年，長野県上伊那地方事務所が中心となり，商工団体（9団体），食品・飲料製造企業（19社）から成る「食と健康の産業観光プロジェクト」の取り組みが始まった（図表3-2）。取り組み内容は，①各企業の現状把握と参加企業の募集，②課題検討と先進企業によるノウハウ伝授，③情報発信と周遊ルートの開発，等である。

食と健康の産業観光プロジェクトの概要について，モデルコースに沿って考察する。同プロジェクトは，内堀醸造㈱アルプス工場，養命酒健康の森，本坊酒造㈱信州マルス蒸留所，南信州ビール㈱駒ヶ根醸造所，㈱北川製菓駒ヶ岳工場，かんてんぱぱガーデンを訪問する「食」の要素と，陣馬形山トレッキング，はびろ農業公園みはらしファームで果物収穫などを行う「健康」の要素から構成される。

これらを1泊2日で巡るモデルコースとして，「食べて・歩いて・健康増進コース（北上版）」「同（南下版）」の2つ，そして季節ごとに「初夏の棚田と陣馬形山トレッキング，そして完熟とまととの出会い」「実りの棚田と秋の収穫・

（出所）2015 年 8 月 14 日（金），筆者撮影。

図表 3-2　食と健康の産業観光プロジェクト分科会専門委員（食品・飲料製造企業 19 社）

	企業名	市町村	備考		企業名	市町村	備考
1	(資)赤羽菓子店	伊那市	まんじゅう	11	南信州ビール(株)	駒ケ根市	地ビール
2	(有)いすゞ	伊那市	ミネラルウォーター	12	養命酒製造(株)駒ケ根工場	駒ケ根市	薬用酒
3	伊那食品工業(株)	伊那市	寒天製品	13	内堀醸造(株)アルプス工場	飯島町	食酢
4	漆戸醸造(株)	伊那市	清酒	14	ひかり味噌(株)飯島グリーン工場	飯島町	味噌
5	(株)木曽屋	伊那市	そば	15	(合)信州自然村	南箕輪村	自然食品
6	(株)仙醸	伊那市	清酒	16	米澤酒造(株)	中川村	清酒
7	登喜和冷凍食品(株)	伊那市	凍豆腐,チルド食品	17	GOKOカメラ(株)アグリ事業部	中川村	トマト
8	上伊那農業協同組合	伊那市	農業関係	18	タカノ(株)	宮田村	赤そば
9	(株)北川製菓	駒ケ根市	菓子	19	本坊酒造(株)信州マルス蒸留所	宮田村	ウィスキー,ワイン
10	(株)豊年屋	駒ケ根市	胡麻製品				

（出所）長野県上伊那地域振興局サイト「上伊那地域振興局」（筆者一部加筆修正）。
　　　　https://www.pref.nagano.lg.jp/kamichi/kamichi-somu/
　　　　（閲覧日：2015 年 1 月 1 日）

健康体験」「棚田の恵みと伝統の酒造り，そして安全の食へのこだわり」の３つ，計５つが用意されている。これらのコースは，HP への掲載と旅行会社との商談会での PR というかたちで情報発信されていることから，個人旅行と団体旅行の両方をターゲットにしていることが分かる。

　以上の食と健康の産業観光プロジェクトを通じて，各企業と地域に次の効果が期待されている。それは，①企業のイメージアップと商品の PR，②安全・安心な食を提供する地域のイメージアップ，③観光客の滞在時間延長に伴う観光消費額の増加，などである。

(2) 今後の展望と課題

　食と健康の産業観光プロジェクトは，観光客に身近な「食」をテーマとして，そこに体験・学習の要素を加味することで，観光客誘致に資する新たな観光戦略ということができる。寒天や養命酒は「健康」志向であり，冷涼な気候・美しい水環境といった長野県ならではの魅力も備えている。

　実際，食と健康の産業観光プロジェクトの中心であるかんてんぱぱガーデンと養命酒健康の森は，同プロジェクト開始前から観光客を受け入れており，今や上伊那地域を訪れる観光バスの多くが立ち寄る人気観光地となっている。同プロジェクトは，まさに同地域ならではの資源を生かした地域振興策と位置づけることができる。

　一方，3 つの課題を指摘できる。これらを解決することで，持続可能な観光地域づくりが可能となる。

　第 1 に，プロジェクトの成果の検証である。食と健康の産業観光プロジェクトの推進にあたっては，まずは本プロジェクトが地域や企業に及ぼす効果を把握・検証することが求められる。しかし長野県上伊那地域振興局によると，「現時点において，観光客数や観光消費額の増減といった経済波及効果については，全く把握していない」とのことであった。そこで，これまでの成果を検証し，これに基づいて今後の取り組みを検討する必要がある。

　第 2 に，企業の負担軽減策の検討である。2008 年，上伊那地域観光戦略会

議の食と健康の産業観光プロジェクト分科会では，食品・飲料製造企業73社にアンケートを行い，18社から回答を得ている。ここでは，観光客受け入れに伴う，①駐車場や見学コースなどの施設整備，②案内スタッフの育成，③複数企業による広域連携，をいかに行うかが具体的な課題として挙げられた。確かに現在，かんてんぱぱガーデンや養命酒健康の森など一部の先進事例では，①駐車場や見学コースなどの施設整備，②案内スタッフの育成に関する企業の自己負担による取り組みが見られる。しかし，多くの企業において，費用負担を伴う観光客受入体制の整備は困難な状況にある。③複数企業による広域連携，を含め，これらの課題について，解決の方向性は明らかにされていない。

　今後，食と健康の産業観光プロジェクトを「健康と安全・安心な食」をキーワードに発信し，地域と企業のイメージアップを図るためには，企業間でのノウハウ共有や費用助成などの具体策について，同プロジェクト分科会での検討が必要である。

　第3に，独自の情報発信の必要性である。現在，食と健康の産業観光プロジェクトの情報発信は，ウェブサイトへの掲載と旅行会社との商談会でのPRというかたちで行われている。しかし情報発信において，「なぜ上伊那地域で食と健康なのか」という点に関するPRが不足している状況にある。

　そこで，こうした情報発信の際，上伊那地域は①中央アルプスの雪解け水からなる良質な水や標高800mに位置する冷涼な気候などの条件により，食品・飲料製造企業が多いこと，②その中には工場見学を実施している企業があり，ウォーキングなど健康志向の観光スポットも多いこと，といった独自の魅力である「健康と安全・安心の食」に焦点を当てて，情報発信する必要がある。現在，長野県内では，上伊那地域よりも諏訪地域の産業観光の知名度が高い。[8] この現状を踏まえ，例えば諏訪地域との違いをPRするなど，同プロジェクト独自の情報発信を行う必要がある。これらの取り組みを通じて，同プロジェクトが持続可能な観光資源となりうると考えられる。

　なお，「食と健康の産業観光プロジェクト」は，集中的取り組み期間5年間（2008〜13年）終了後，新たな取り組みはあまり見られない。本書刊行の2024

年時点で，上伊那地域振興局ウエブサイトにおいて，同プロジェクトの記載は少なくなっている。

3. 近代化産業遺産としての JR 飯田線の活用

(1) これまでの取り組み

JR 飯田線は，豊橋（東海道線）から辰野（中央線）までの 94 駅を結ぶ 195.7km の電化・単線の地方交通線である。このうち上伊那地域を走る伊那田島駅から辰野駅までの 25 駅間 47.5km では，①中央アルプスの風光明媚な車窓と信州の山里風景，②Ω カーブと呼ばれる急カーブ・JR 最急こう配（40‰・約 2.3 度）のほか，多数の駅・短い駅間といった建設時の特徴を見ることができる（写真 3-2）。

JR 飯田線は，1943 年に政府が私鉄の伊那電気鉄道ほか 3 社を買収して誕生した路線である。伊那電気鉄道は 1909 年に一部開通した長野県で最初の私鉄で，[9]

写真 3-2　中央アルプスを背景に走る JR 飯田線（長野県駒ケ根市）

（出所）2014 年 5 月 6 日（火），筆者撮影。

当時隆盛を極めていた蚕糸業（製糸・養蚕・蚕種製造）の輸送を目的として敷設された[10]。技術力や資金に乏しい私鉄として建設されたため，急カーブ・急勾配・短い駅間といった特徴を持つ路線となった。JR飯田線は，上伊那地域の歴史とともに歩んだ近代化産業遺産としての魅力を秘めている。

　しかし現在，上伊那地域を走る区間に観光列車や特急列車の定期運行はなく，地域輸送を担う普通列車が毎時片道1本程度運行されるのみである。

　これまで上伊那地域では，JR飯田線を地域資源として活用する議論はほとんどなかった。しかし2013年4月，東海旅客鉄道株式会社（JR東海）は利用者数の減少を理由に駅無人化を行い，5駅（飯島・駒ヶ根・沢渡・伊那北・伊那松島各駅）が無人化，JR社員の常駐する有人駅は伊那市駅のみとなった[11]。これを契機に，地域では，JR飯田線の地域資源としての活用に向けた機運が非常に高まっている状況にある。

　2014年1月と2015年1月には，自治体や経済団体などで構成されるJR飯田線活性化期成同盟会の主催で「飯田線シンポジウム」が開催され，飯田線を活かしたまちづくりや駅舎を活用した取り組みなどについて，意見交換が行われている。

　また，長野県上伊那地方事務所（2014）には，JR飯田線に関する23の利用促進策・地域振興策が取りまとめられた。このうち近代化産業遺産としての活用という観点では，台湾・韓国〜松本空港間のチャーター便による訪日客を上伊那地域へ誘致する観光列車「飯田線ドリームエアライナー」，そして旅行会社の専用ツアーバスと連携して県外客の誘致を図る観光列車「おいでなんよ伊那谷号」が注目される。

　このように，近代化産業遺産としてのJR飯田線の活用は，今まさに端緒についたところである。

(2) 今後の展望と課題

　現在，JR飯田線は観光客誘致に資する地域資源として全く活用されていない状況にある。このため，今後，「飯田線シンポジウム」や長野県上伊那地方

事務所（2014）で取りまとめられた施策の実施・定着を図ることで，新たな観光客誘致を実現できる可能性がある。

　ここで，近代化産業遺産としての JR 飯田線の活用策の一例として，(1)で触れた「おいでなんよ伊那谷号」が地域に及ぼす経済効果を考察したい。同列車の目的は，車内での伊那谷の魅力（自然景観・伝統芸能・食[12]）の効率的な紹介を通じて，県外観光客の増加を図ることにある。運行区間は伊那松島駅（上伊那地域）から飯田駅（下伊那地域）までの 57.8km で，約 3 時間の乗車を見込む。運行期間は，4 月～11 月の土日祝日を中心に年間約 60 日とされる。旅行会社が主体となって，観光客を首都圏，中京・関西圏から専用ツアーバスで集客する想定である。

　年間利用者数を 21,480 人[13]として，これに 1 人 1 日あたりの平均観光消費額 3,745 円[14]を掛けると，経済効果は約 8,000 万円（80,442,600 円）と試算できる。これは新たに地域へもたらされる経済効果であり，同列車の運行が将来的に定着すれば，地域に与える影響は極めて大きい。ただし，これはあくまで概算のため，実施の際は，地域の状況を踏まえたより詳細な分析が必要である。

　一方，「おいでなんよ伊那谷号」をはじめとする施策の実現に向けて，2 つの課題を指摘できる。今後，これらを解決することで，持続的な観光地域づくりが可能となる。第 1 に，推進体制の構築である。現在，これらの施策の実施主体，スケジュール，効果や課題等の詳細検討を行い，実施・定着を図るための推進体制は白紙の状態にある。なぜなら，(1)で述べた通り，2013 年 4 月に JR 東海が駅無人化を実施するまで，沿線地域では，JR 飯田線の活性化に関する取り組みがほとんど行われていなかったからである。現在，2014 年 1 月と 2015 年 1 月の飯田線シンポジウム，長野県上伊那地方事務所（2014）の取りまとめを経て，ようやく JR 飯田線の利用促進策・地域振興策の方向性が定まってきた状況にある。

　そこで今後は，これらの施策を取りまとめた長野県上伊那地域振興局，市町村，商工団体が中心となって，地域主導による施策の推進体制を構築する必要がある。ここで地域主導とは，県や市町村などの公的主体が各種活性化施策を

策定し，商工団体，旅行会社，JRなどの民間主体がこれら活性化施策を実施する体制のことをいう。

　実際，2007年に経済産業省の近代化産業遺産に認定されたJR肥薩線では，人吉市が中心となって，SL人吉を活用した観光振興，同線の世界遺産登録などの活動を地域主導で推進してきた。[15]近代化産業遺産としてのJR肥薩線の活用を推進する取り組みは，①自治体をはじめ地域主導で推進されている点，②明治時代の鉄道施設や風光明媚な景観（球磨川や山岳路線）を観光資源としている点，③年間約2億6,000万円の経済効果を上げている点，の3点において，JR飯田線においても参考になりうるものである。

　第2に，JR飯田線の運営体制の見直しである。現在，JR東海は大胆な駅無人化に踏み切るなど，JR飯田線の運営に消極的な状況にある。そこで，県主導の第3セクターしなの鉄道に倣い，地域主導でJR飯田線の活用策を展開するためのハード・ソフトの体制づくりが必要と考えられる。[16]具体的には，①JR東海が駅舎・線路等のインフラを保有し，運営ノウハウを持つしなの鉄道が列車を運行する上下分離方式の導入，または②自治体が長野県上伊那地方事務所（2014）で取りまとめられた23施策の実施に伴う追加費用を負担する，といった取り組みが必要である。[17]

　もちろん，自治体が鉄道事業に補助金を充当することについては，慎重な検討が必要となる。しかし，鉄道が地域開発効果や路線の利用可能性といった正の外部性[18]を沿線にもたらす場合，鉄道事業に対する公的支援を行ったとしても，正の外部性が投入資金より大きければ，当該支援は正当化されうると考えられる。したがって，まずは自治体がJR飯田線の正の外部性を総合的に勘案し，鉄道事業に補助金を充当すべきかどうかについて冷静な判断を下す必要がある。

4. 検討とまとめ

　本章の2.と3.における考察を通じて，上伊那地域では，産業観光の推進に資する地域資源が存在するにも関わらず，充分活用されていないことが分かった。

今後，産業観光のより一層の推進に向けて，食と健康の産業観光プロジェクトでは，①プロジェクトの成果の検証，②企業の負担軽減策の検討，③独自の情報発信が必要である。また近代化産業遺産としてのJR飯田線の活用では，①活性化施策の推進体制の構築，②JR飯田線の運営体制の見直し，が必要である。

　これらの取り組みを通じて，観光客の多様化するニーズに応える観光資源の発掘，そして体験型観光や周遊型広域観光の推進による県外客や宿泊客の増大を図ることが可能となる。こうしたニューツーリズムの推進は，上伊那地域における新たな地域振興策と位置づけることができる。

注
1) 長野県 (2023c) p.2 参照。
1) 長野県 (2023b) p.3 参照。
3) 長野県 (2023c) pp.6-8 参照。
4) 上伊那地域における県外観光客の割合と宿泊客の割合が低い理由については，①県内他地域との観光客獲得競争，②県内他地域と比べた場合のアクセスの悪さ，などが考えられるが，詳細の分析については今後の課題としたい。
5) 長野県上伊那地方事務所 (2010)，長野県 (2023c) pp.6-8 参照。
6) 長野県 (2023a) pp.174-181 参照。
7) 食と健康の産業観光プロジェクトの概要について，長野県上伊那地域振興局ウェブサイト「上伊那地域振興局」参照。
8) 2012 年に岡谷市で開催された全国産業観光フォーラムを契機に，諏訪地域では産業観光が注目されている。
9) 1919 年に伊那電気軌道から社名変更した。
10) JR飯田線の概要について，長野県上伊那地方事務所 (2014) 参照。
11) 上伊那地域 24 駅の 1 日平均利用者数は，1988 年度 14,140 人に対し，2011 年度 8,514 人となり，約 40％減少した。
12) ①自然景観としては，中央アルプスの風光明媚な車窓と信州の山里風景，②伝統芸能としては，伊那太鼓，古田人形，中尾歌舞伎など，③食としては，ローメン，五平餅，昆虫食，お多福豆などを，それぞれ挙げることができる。
13) 21,480 人 = 179 人（飯田線の特急「伊那路」の定員）× 2（1 日 2 本運行）× 60（年間 60 日）と想定。
14) 長野県 (2023c) 参照。1 人 1 日あたりの観光消費額 3,745 円は，2022 年における日帰り客と宿泊客の平均額である。日帰り客は 2,635 円，宿泊客は 6,316 円となっている。
15) 近代化産業遺産としてのJR肥薩線の概要について，詳しくは経済産業省 (2014) 参照。

16) しなの鉄道は，長野県が中心となって1997年に開業した第三セクター事業者で，旧JR信越線102.4kmの運営を担う。北陸新幹線の開業に伴い，並行在来線がJRから経営分離されて誕生した。極限までの経費削減と商品開発等の収益増加を内容とする経営改革を経て赤字体質を脱却した。

17) JR飯田線の運営体制見直しの詳細分析については，今後の課題としたい。

18) 正の外部性とは，個人がある特定財を消費する時に，社会が享受する外部便益（社会的限界便益—私的限界便益）のことである。これは，経済主体が市場で対価を支払うことなく便益を享受することを意味する。和田（1999）は，鉄道路線がもたらす正の外部性として，①災害発生時等緊急時における交通サービスの多様性，②交通弱者の公共交通手段確保の重要性，③環境問題への配慮，④他交通手段の混雑緩和，⑤幼年時代の原風景の一部を構成する要素である鉄道への執着を挙げている。

第4章

日本海側随一のモノづくり県
（富山県）

　第4章では，富山県の地域創生策の1つとして，産業観光の可能性を提示する。

　富山県では，他の多くの地方と同様，人口減少・少子高齢化という大きな課題に直面している。こうした中，県は富山県（2018）「元気とやま創造計画―とやま新時代へ　新たな挑戦―」（以下「総合計画」）に基づき，様々な地域創生策を推進している。このうち，第4章では，「産業」と「観光」の2つに着目する。

　富山県は「日本海側随一のモノづくり県」といわれ，県の経済に占める製造業の比重が大きい。また，2015年の北陸新幹線開業を契機として，県主導で様々な観光振興策が展開されている。第4章では，この製造業などと観光を融合した「産業観光」の可能性について言及したい。

　筆者は，2019年2月6日（水），富山商工会議所産業振興部へのインタビューを実施した。担当者1名に対して，郵送とメールで事前に質問事項をやり取りした後，対面でのインタビューを行っている。ここでは，富山県の産業観光について，主に ①推進体制，②現状と課題，③効果，④今後の展望，の4つの観点から，1次データを収集している。本インタビューで入手した内容については，主に1.と2.に記載している。

　また筆者は，2016～19年度の4年間，富山県に在住していた。この間，YKKセンターパークや立山黒部アルペンルート等，産業観光の現場を複数回訪問して，現地の動向を把握している。

1. キトキト富山発展史—産業と観光—

(1) 富山県の地域創生

　地域創生とは，山﨑朗（2018）によると，「人口減少・少子高齢化という条件下での豊かな地域の創生に向けた挑戦」のことをいう。[1]特に地方では，企業や観光客の誘致，農林水産物や工業製品の輸出が，地域創生の重要課題とされている。

　現在，富山県では，総合計画に基づき，地域創生を推進している。最大の課題は，本格的な人口減少・少子高齢化時代の到来といえる。県人口は，106.4万人（2015年）から64.6万人（2060年）へ減少が予想されている。

　こうした中，2015年に北陸新幹線が開業した。これを契機として，富山県は今まさに新時代を迎えている。新幹線は，次の2つの点で，社会経済に大きな影響を及ぼしている。[2]第1に，観光客や宿泊客数の増加である。新幹線開業後1年間の利用者数は，開業前の約2.95倍に増加し，2年目・3年目も同約2.7倍と好調を持続している。新幹線開業の2015年，観光客数は対前年比26.4%増加の3,412.6万人，宿泊客数は14.4%増加の399.1万人であった。[3]

　第2に，産業の活性化，産業の新たな動きである。従前より，富山県は，第2次産業の就業者数の全就業者数に占める割合が全国トップの33.2%（2020年）という屈指の「モノづくり県」であった。[4]そこに新幹線が開業したことで，企業の本社機能の一部や研究開発拠点の富山県への移転が進んだ。製造業では，2015年の医薬品生産額が，そして2016年アルミサッシ生産額が，ともに全国第1位となっている。農林水産業では，紅ズワイガニ「高志の紅ガニ」のブランド化（2016年），米の新品種「富富富」（ふふふ）の販売開始（2018年）などの動きが活発化している。[5]

　こうした富山県の直面する課題，そして新幹線開業に伴う社会経済状況の変化を踏まえ，総合計画では，「活力（産業・経済）」「未来（生活・教育）」「安心（福祉・環境）」「人づくり（スポーツ・子育て）」の4つの分野で10年後の目標値を設定している。[6]

上述の4つの分野のうち，「活力（産業・経済）」に着目したい。ここでは，2018年度から2026年度までの間に，機械・金属の製造品出荷額を1兆5,120億円から1兆8,800億円に，医薬品生産額を7,325億円から1兆円に，観光消費額を1,448億円から2,200億円に，そして産業観光施設数を144施設から171施設に，それぞれ拡大させるという具体的な数値目標が掲げられている。

　総合計画の目標は，これらの取り組みを通じた将来的な人口減少抑制にある。もし仮に何も対策を講じなければ，2060年の県人口は64.6万人まで減少するとされているところ，これを80.6万人に止めるというものである。

　ここまでの分析を通じて，富山県の地域創生では，「産業」と「観光」の振興が有効といえる。以下，産業と観光を概観した上で，「産業観光」の観点から，地域創生のあり方を提示したい。

（2）富山県の産業

　富山県の産業は，壮大なストーリーから成り立っているという特徴がある。すなわち，富山県では，「売薬」と「北前船」で蓄積した資本と情報に基づき，長年災害をもたらしていた「治水・砂防事業」に取り組んだ。これが「電力開発」や「アルミ産業」につながり，「銀行業」が興ったのである。以下，順番に考察していく。

　まず「売薬」の歴史は，1600年代後半，第2代富山藩主前田正甫が諸国への販売を奨励したことに始まる[7]。これが，売り手と買い手との信頼関係に基づく「先用後利（せんようこうり）」の手法により，江戸中期にかけて大きく発展していく。1816年から1873年まで反魂丹役所が設置され，売薬行商人2,000人以上が活躍した。明治以降，西洋の医薬品を取り入れながら売上向上に努めた結果，明治・大正から昭和6年（1931年）まで，製薬業は鉱工業生産額の第1位を占めた。現在，製薬業は富山の主力産業として隆盛を誇っている。

　次に「北前船」の歴史は，1672年，河村瑞賢の西回り航路開拓に始まる[8]。元来，北前船は，藩米を大坂に運んで換金するための航路であった。これが1800年代初頭，蝦夷地の鰊が魚肥として認められたことに伴い，大きな発展

を遂げる。すなわち，①北陸で米を仕入れて蝦夷地で販売，②蝦夷地で鰊肥や昆布を仕入れて北陸で販売，③再び北陸で米を仕入れて，蝦夷地で仕入れた鰊肥や昆布とともに大坂で販売，④大坂で木綿・売薬原料・雑貨を仕入れて北陸で販売，という流通ルートが構築されたのである。その特徴は，船主が各地で商品の仕入・販売を行う「買い積み方式」にあり，1航海1,000両の大きな利益を上げた。

　明治以降，「売薬」資本家や「北前船」船主は，蓄積した資本や情報に基づき，「電力開発」「銀行業」などに投資を行って，富山県の産業近代化を主導することとなった。このように，江戸期から明治初期にかけて，「売薬」や「北前船」，豊富な米の生産，これに伴う流通の繁栄により，富山県の経済的地位は高かった。しかし明治後期以降，太平洋側重視の経済政策に伴い，富山県を含む日本海側の経済の位置づけは低下し，食料，労働力，エネルギーの供給地としての傾向を強めていく。

　さて，幕末・明治から現在まで，富山県最大の懸案事項は，常願寺川の「治水・砂防事業」[9]であった。これは，1858年の飛越地震に端を発する。常願寺川は，標高3,000m級の立山連峰から急峻な地形をわずか56kmで流れ下って富山湾に至る。飛越地震では，大鳶山と小鳶山が崩れ落ち，大量の土砂が常願寺川上流の立山カルデラに流れ込んだ。これにより，大土石流が富山平野に押し寄せ，死者140名，負傷者8,495人という甚大な被害を及ぼした。このため，明治以降，富山県では，お雇い外国人を招聘するなど，最重要課題として「治水・砂防事業」に臨んできた[10]。明治初期，富山県は石川県の一部であった。しかし，治水を巡る対立から，1883年に分県独立した経緯がある。金沢の都市整備を進めたい石川県と治水・砂防事業を急務とした富山県との隔たりは大きかった。「治水・砂防事業」は，富山県の存在意義そのものといっても過言ではない。

　そして，大正から昭和にかけて，豊富な水力に着目した「電力開発」が本格化し，これに伴い重化学工業が発展していく。その嚆矢は，1899年営業開始の富山電燈（現在の北陸電力）であった[11]。1919年，日本電力（現在の関西電力）が

黒部川水系の電源開発に着手，1934年に富山県の水力発電設備は全国1位の40.6万kWとなった。これにより，日満アルミニウム（現在の昭和電工），日本曹達など電力関係企業の誘致に成功する。1936年，工業生産額が農業のそれを上回り，富山県は工業県へと変貌を遂げた。

このほか「銀行業」では，1879年の富山第123国立銀行（現在の北陸銀行）の設立，また鉄道，印刷，パルプ，金融，保険，肥料・米穀，倉庫・水産業など，「売薬」と「北前船」由来の資本と情報に基づき，明治期に様々な産業が興っている。

こうした歴史と地域性に基づく壮大なストーリーは，富山県の産業の大きな特徴といえよう。以上の歴史的経緯から，富山県では，第2次産業の生産額・就業人口の割合が高く，医薬品・化学・アルミ・金属・機械・電子部品など日本海側屈指の工業集積が形成されている。富山県では，富山県（2019）「新・富山県ものづくり産業未来戦略」に基づき，今後成長が期待される①医薬・バイオ，②医薬工連携，③次世代自動車，④航空機，⑤ロボット，⑥環境・エネルギー，⑦ヘルスケアを重点的に推進する方向が明示されている。

(3) 富山県の観光

富山県で最も有名な観光地として，「立山黒部アルペンルート」が挙げられる。そして，富山県における観光の起源は，その立山信仰にあるといえる。その歴史は古く，奈良時代，立山は富士山・白山と並ぶ「日本三霊山」として山岳信仰の対象となっていた。当時の人々は，山，川，木，岩などに神が宿るという自然と神との一体的で素朴な自然観を持っていた。山岳信仰は，こうした人々の自然観に基づくものと位置づけられる。

平安時代，立山には天台宗や真言宗など仏教の山としての位置づけが与えられるようになる。すなわち，自然と神との一体的で素朴な自然観が，仏の世界に至る修業の場としての自然へと変容を遂げたのである。いわば神と仏を渾然一体とした独特の信仰体系を確立した立山は，修験道の聖地として次第に注目を集めていく。こうした立山信仰の背景として，約1万年前の水蒸気爆発に伴

う火口付近の「地獄の景観」，夏に高山植物が咲き誇る室堂平の「浄土の景観」を挙げることができよう。

　江戸時代，立山信仰は，加賀藩による峰本社の修復，宿泊施設や橋梁の造営といった手厚い保護により発展を遂げることとなった。また，立山山麓の岩峅寺や芦峅寺の人々が全国へ出向き，立山信仰を広める活動を行うようになる。その際に活用されたものが，立山の歴史や伝説，地獄や極楽などを描いた「立山曼荼羅」である。やがて立山信仰は全国に広がり，遠方から大勢の人々が立山を目指して集まるようになった。江戸後期には，夏季に数千人の訪問があったといわれる。[14)]

　しかし，明治新政府の神仏分離令により廃仏毀釈の機運が高まるにつれて，神と仏を混然一体とした立山信仰は次第に衰退していった。立山では，こうした宗教色の希薄化の一方，雄大な大自然を楽しむための観光登山が行われるようになる。従来禁止されていた女性の登山が解禁され，成人の通過儀礼としての立山登山が盛んになった。アクセスの便を図るため，地方私鉄としては比較的早い1921年に立山鉄道が立山（現在の富山地方鉄道岩峅寺駅）まで開通している。1934年の中部山岳国立公園指定，1971年の立山黒部アルペンルート全通により，観光客は飛躍的に増加した。

　さて現在，こうした立山信仰・立山登山を起源の1つとする富山県の観光は，富山県（2022）「第3次富山県観光振興戦略プラン（令和4年度〜8年度）」に基づき推進されている。ここでは，Ⅰ新たな時代の観光への対応，Ⅱ持続可能な観光地域づくり，Ⅲターゲットに応じた戦略的なプロモーション，の大きな3つの施策が掲げられている。これらの取り組みを通じて，観光消費額を1,483億円（2019年度）から1,980億円（2026年度）に，延べ宿泊客数を380万人（2019年度）から400万人（2026年度）に，消費単価を25,837円（2019年度）から30,100円（2026年度）に，そして満足度を66.4%（2019年度）から80%（2026年度）に，それぞれ増やすという目標が掲げられている。第4章では，このうちⅡの「3. 富山らしい魅力の創出」に含まれる産業観光に着目したい。

2. 富山県における産業観光の可能性

（1）産業観光の取り組み

　本節では，産業と観光を融合した「産業観光」の可能性について，考察していく。富山県では，2002 年から富山商工会議所が中心となり，「日本海側随一のモノづくり県」という特徴を観光と結び付けて，産業観光に取り組んでいる。この取り組みは，2015 年から毎年発刊されている統一パンフレット『富山産業観光図鑑』に集約されよう。ここには，151 の産業観光施設が掲載され，年間 20,000 部発行されている（図表 4-1）。

　最大の特徴は，特定のテーマに基づく 9 つのモデルコースの設定に特徴がある。例えば，「富山名産 かまぼこ＆ますのすしコース」「モノづくり富山の軌跡を巡るコース」などが挙げられ，後者では，YKK の歴史と技術を紹介する「YKK センターパーク」，先端電子企業の「シキノハイテック」，老舗の製薬会社「池田屋安兵衛商店」，地域メディアの歴史を伝える「北日本新聞 創造の森 越中座」，アルミ産業の「三協立山」，100 年以上の歴史を持つ鋳物メーカー「能作」を巡る。9 つのコースいずれも，北陸新幹線停車駅「黒部宇奈月温泉」「富山」「新高岡」の 3 駅を発着しており，県外観光客に配慮した構成となっている。

図表 4-1　『富山産業観光図鑑』（表紙）

（出所）富山商工会議所ウェブサイト。https://www.ccis-toyama.or.jp/toyama/
（閲覧日：2023 年 8 月 23 日）

こうした産業観光は，まさにキトキト富山発展史を踏まえた富山ならではの地域性を持つ取り組みであり，他地域との差別化にも資するであろう。

(2) 産業観光の新たな可能性「黒部宇奈月キャニオンルート」

ここで，産業観光の新たな可能性として，「黒部宇奈月キャニオンルート」に言及したい。「立山黒部アルペンルート」は全国的観光地として有名だが，ここに近接する「黒部宇奈月キャニオンルート」は富山県民にもあまり知られていない。「黒部宇奈月キャニオンルート」とは，黒部峡谷鉄道の終点「欅平」から立山黒部アルペンルートの「黒部ダム」に至る約17kmのことをいう（図表4-2）。関西電力が保有し，水力発電設備の保守・運営に関わる人員・資材輸送の専用ルートとして活用している。このため，観光客は自由に立ち入りできない。

黒部宇奈月キャニオンルートは，1939年に黒部川第3発電所設置のために建設されたトンネル，1958年に黒部川第4発電所設置のために建設されたトンネルから構成される。黒部宇奈月キャニオンルートの5つの輸送手段を，下から上（欅平から黒部ダム）方向へ順番に紹介したい（図表4-3）。

まず，①下部専用鉄道がある。黒部峡谷鉄道の終点欅平駅から先に約500m

図表4-2 「黒部宇奈月キャニオンルート」位置図

(出所)『日本経済新聞』2018年10月17日付「黒部ルートの
　　　一般開放へ　24年度に，富山県と関西電力が協定」
　　　を筆者一部修正。

図表 4-3 「黒部宇奈月キャニオンルート」概要図

（出所）富山県（2017）「黒部ルート見学会の一般開放・旅行商品化プロジェクトについて」同県観
光・交通・地域振興局。

続くトンネル内の鉄道で，黒部峡谷鉄道の車両がそのまま乗り入れていく。次
に，②竪坑エレベーターがある。これはトンネル内の巨大エレベーターで，鉄
道車両や貨車をそのまま搭載して，約200m垂直移動する。黒部川の勾配が
1/24と急であったため，川沿いに鉄道を建設できず，山の中腹を貫いて建設
された。

　そして，③上部専用鉄道がある（写真4-1）。②の竪坑エレベーターで持ち上
げられた鉄道車両や貨車が，再び編成を組んで走ることのできる約6.5kmの
地下鉄道となっている。この上部専用鉄道は，2002年のNHK紅白歌合戦で歌
手の中島みゆきが歌った場所としても有名である。見どころは，阿曽原〜仙人
谷間の高熱隧道である。高熱を持った岩盤が約500mにわたって続くため，建
設工事は難航を極めた。この様子は，吉村昭の小説『高熱隧道』に描かれてい
る。

　③の上部専用鉄道は，黒部川第4ダムへと至る。黒部峡谷鉄道から続いてき

写真 4-1　上部専用鉄道（黒部宇奈月キャニオンルート）

(出所) 2015 年 10 月 23 日（金），筆者撮影。

た鉄道線路はここで途切れ，この先は④インクラインに乗り換えとなる。これ
は高低差 456m，傾斜角度 34 度のケーブルカーである。最後に，⑤黒部トン
ネルがある。これは約 10.2km の道路トンネルで，人員・資材はバスまたはト
ラックで輸送される。

　これまで，黒部宇奈月キャニオンルートは，観光客の立ち入りが制限されて
きたため，一般にほとんど知られていなかった。しかし，様々な乗り物を乗り
継いで「電力開発」の歴史をたどる黒部宇奈月キャニオンルートは，立山黒部
アルペンルートに勝るとも劣らない魅力を秘めている。筆者は，これまで 2 回
黒部宇奈月キャニオンルートを訪問したが，「日本にまだこれほど壮大かつ魅
力的な産業観光の資源があったのか」と感動したことを覚えている。

　これまで，富山県と関西電力との協議に基づき，黒部宇奈月キャニオンルー
トの一般開放が段階的に進められてきた。まず 1996 年度，「黒部ルート公募見
学会」が実施され，年間 2,040 人の観光客が抽選により立ち入り可能となって
いる。[15]

そして 2018 年，富山県と関西電力との協定に基づき，2024 年 6 月 30 日（日）からの黒部宇奈月キャニオンルート一般開放が決定した。2024 年度，同ルートの最大受入人数は，8.180 人とされている。観光客が同ルートを訪問するためには，旅行会社の企画旅行商品（1 泊 2 日）への参加が前提となる。宇奈月発と黒部ダム発，それぞれ基本コースが 2 便ずつ設定される。想定販売金額は，宇奈月温泉発第 2 便で 1 人約 13 万円とされている。[16]

　筆者は，この「黒部宇奈月キャニオンルート」を活用することで，富山県の産業観光は，より一層の発展を遂げることが出来ると考える。2016 年，黒部宇奈月キャニオンルートの下部にある黒部峡谷鉄道には約 35.5 万人の観光客が，同上部にある立山黒部アルペンルートには約 92.2 万人の観光客が，それぞれ訪問している。[17]この両者を黒部宇奈月キャニオンルートで結び，周遊ルートを作り出すインパクトは極めて大きい。何より，歴史と地域性に基づく「電力開発」の 100 年以上にわたる壮大なストーリーは，富山県ならではの大きな特徴といえよう。

3. 検討とまとめ

　第 4 章では，富山県の産業と観光について概観した上で，地域創生策の 1 つとして産業観光の可能性に言及した。

　人口減少・少子高齢化に直面する地方において，観光客誘致による地域創生に取り組む地域（自治体）は多い。こうした中，壮大なストーリーとして描くことのできる産業，そしてこれを生かした産業観光は，富山県ならではの魅力を秘めており，多くの観光客誘致に資する取り組みということができる。今後，新たな可能性として「黒部宇奈月キャニオンルート」の活用が期待される。

　今後，富山県の産業観光は，より具体的なマーケティング，マネジメントの仕組みを整えることで，より一層の飛躍を遂げることができよう。こうした今後の課題については，また別の機会に述べたい。

1）山﨑朗（2018）は，「都市」対「地方」の構図のもと東京一極集中是正を至上命題とする「地方創生」ではなく，都市にも地方にも存在する大小様々な「地域」づくりを推進すべきという理念に基づき「地域創生」という用語を用いている。

2）なお，総合計画では，「北陸新幹線開業」と「国の地方創生戦略」を2つの追い風と位置づけている。

3）富山県（2015）参照。

4）全国平均は，23.4％であった。富山県ウェブサイト「令和2年国勢調査『就業状態等基本集計』富山県の結果について」参照。

5）富山県（2018）参照。

6）（　）カッコ内の補足説明は，筆者追記。

7）富山県商工会議所連合会（2019）参照。

8）2019年2月6日（水）富山商工会議所インタビュー時の提供資料参照。

9）富山県立山カルデラ砂防博物館ウェブサイト参照。

10）オランダ人土木技師ヨハニス・デ・レーケは，常願寺川を「これは川ではなく滝である」と称した。

11）富山県商工会議所連合会（2019）と2019年2月6日（水）富山商工会議所インタビュー時の提供資料参照。

12）立山黒部アルペンルートウェブサイト参照。なお，立山とは，雄山，大汝山，富士ノ折立などから成る連峰の総称である。

13）『万葉集』には，素朴な自然観を詠んだ歌が多く収録されている。大伴家持は「立山に降り置ける雪を常夏に見れども飽かず神からならし」と詠んだ。

14）なお，立山信仰にまつわる有名な儀式として，「布橋灌頂会」が挙げられる。立山は，江戸時代まで女人禁制であった。このため，立山に立ち入れない女性が生前の罪を浄化し，死後の極楽往生を約束するために「布橋灌頂会」の儀式が行われた。この儀式は，2011年に（公財）日本ユネスコ協会連盟の「プロジェクト未来遺産」に登録された。

15）2016年度の見学会当選倍率は，4.3倍であった。なお，1996年度から2023年度までの間，黒部宇奈月キャニオンルートは「黒部ルート」と呼ばれていた。

16）2024年度は，7月1日（月）〜10月31日（木）の間，宇奈月発第1便（1日30人）と黒部ダム発第1便（1日30人）がそれぞれ34日間，宇奈月発第2便（1日20人）と黒部ダム発第2便（1日20人）がそれぞれ123日間，設定される。また11月1日（金）〜29日（金）の間，宇奈月発第2便（1日20人）と黒部ダム発第2便（1日20人）がそれぞれ最大29日間設定される。富山県（2023）参照。

17）富山県（2017）参照。

第5章

日本の産業観光における
4つの課題

1. 課題の抽出

　第3章と第4章において，それぞれ長野県上伊那地域と富山県の産業観光を分析してきた。また，これまで筆者は，日本の産業観光全般について考察してきた（那須野（2016,19,24b），Nasuno, I.（2023））。ここから，日本の産業観光における4つの課題が浮かび上がってきた。それは，次の通りである。

【日本の産業観光における課題】
課題①：基礎的データを把握できていない。
課題②：運営体制が明確化されていない。
課題③：企業の収益性が考慮されていない。
課題④：観光客にトータルのサービスを提供できていない。

　以下，次節では，4つの課題について掘り下げていく。
　筆者は，日本の産業観光が欧州諸国の先進地域のそれと肩を並べ，より一層発展を遂げるためには，これら4つの課題を解決する必要性が高いと考える。

2. 4つの課題

(1) 課題①：基礎的データを把握できていない

　日本の産業観光における課題の1つ目は，基礎的データを把握できていない点である。上述の長野県上伊那地域，富山県，名古屋・中京地域，このほか産業観光に取り組む多くの地域では，観光客数や経済効果など基礎的データを把

握できていない。このため，マーケティングの STP，つまり「誰に（標的市場），何を（提供価値），いかに（提供方法）提供するか」が明確化されていない。

　確かに，日本の産業観光発祥の地である名古屋・中京地域では，「産業観光推進懇談会」（AMIC：Aichi Museum and Indutrial Sightseeing Conference）（事務局：名古屋商工会議所）主導により，29 の産業観光施設全てにおいて，観光客数を把握できている。しかし，長野県上伊那地域では，産業観光に関する観光客数や経済効果等の数値を把握していない。同地域では，「県内 10 地域の中で最も少ない県外旅行客数，最も少ない観光消費額を増やす」という問題意識に基づき，産業観光を始めとする観光振興に取り組んでいる。それにも関わらず，最も基本となる観光客数や経済効果等の基礎的データを把握できていない点は，致命的な課題といえよう。同様に，富山県においても，産業観光に関する基礎的データを把握できていない。

　企業経営でいえば，企業が自社の顧客数や売上を把握できておらず，それがゆえにターゲット客層すら明らかになっていない状況にある。

(2) 課題②：運営体制が明確にされていない

　日本の産業観光における課題の 2 つ目は，運営体制が明確にされていない点である。産業観光に取り組む多くの地域では，自治体や商工会議所が紹介冊子等を出版するにとどまっている。全体計画の策定，投資の実施，観光客誘致，イベントやツアーの実施など，どの主体が何を手掛けるのか，関係者の役割分担が明確ではない。各地に観光地経営組織 DMO が誕生しているにも関わらず，DMO の積極的な関与はあまり見られない。

　例えば，富山県では，富山商工会議所が『富山産業観光図鑑』を取りまとめているが，これ以上のことは特に行っていない。富山商工会議所，富山県，市町村，企業等，どの主体が全体計画を策定するのか，何にいくら投資するのか，どのように観光客を誘致するのか等，決まっていない。現在，商工会議所や県には，産業観光のための予算や人材は存在しない。2017 年に（公財）とやま観光振興機構が DMO に認定されたにも関わらず，産業観光への主体的関与はあ

まり見られない。

　企業経営でいえば，自社グループの目指す目標，それに向けたスケジュール，必要な予算や人員等が明らかにされず，個々の企業がバラバラに活動している状況にある。

(3) 課題③：企業の収益性が考慮されていない

　日本の産業観光における課題の3つ目は，企業の収益性が考慮されていない点である。日本の産業観光は，企業のCSRや広報活動の一環といった側面が相対的に強く，収益性はさほど重視されない。もちろん，工場見学等のプログラムは日本の観光シーンで重要な役割を果たしており，こうした広報活動としての産業観光の重要性は高い。一方，企業が産業観光で稼ぐ，産業観光を自社製品やサービスの販売戦略に明確に結び付ける，という考え方は希薄のように考えられる。産業観光推進会議（2014）によると，産業観光施設の7割は無料，ガイドの9割以上が無料とされている。

　例えば，関西電力の黒部宇奈月キャニオンルート（富山県）は，上部専用鉄道，インクライン，専用バスへの乗車，黒部第4ダム見学等，いわば第2の立山黒部アルペンルートともいえる魅力的な見学コースで，大変人気を博している。それにも関わらず，これまで関西電力は無料で観光客を受け入れてきた。これら乗り物の運行費用，安全対策投資，資料作成や案内ガイドに要する費用等を観光客に求めていなかった。ようやく2024年6月30日（日），同ルートは一般開放されることとなった。観光客は旅行会社の企画旅行商品（1泊2日）を購入することにより，同ルートを訪問可能となる。想定販売金額1人約13万円（宇奈月温泉発第2便）と高額のため，企業の収益性も一定程度考慮されていると考えられる。

　企業経営でいえば，企業が顧客に充分な製品やサービスを提供しているにも関わらず，赤字覚悟で適正な対価を徴収しない状況にある。第1章2.(2)で述べた通り，日本の多くの企業は，「産業観光で稼ぐ」という意識が乏しい。さらに言えば，日本では「観光は自治体や地域が慈善事業として手掛けるもので

あり，儲けてはいけない」という意識が浸透していると考えられる。日本が観光立国を目指すのであれば，観光をビジネスと見なす視点が必要であろう。

(4) 課題④：観光客にトータルのサービスを提供できていない

　日本の産業観光における課題の4つ目は，観光客にトータルのサービスを提供できていない点である。すなわち，産業観光施設どうしの連携，産業観光施設と供食や宿泊施設との連携が充分考慮されていない。観光客は，産業観光施設はもちろん，必要な交通手段，供食・飲食施設，関連する観光施設等を全て自ら調査・手配しなければならない。

　産業観光では，産業や地域のストーリー（物語）が重視される。このため，観光客は複数の産業観光施設を訪問することが多い。また，第1章2.(1)で述べた通り，「食事」と「観光産業」（宿泊や土産物等）は，観光客が本源的に求める要素である。このような観点から，複数の産業観光施設，飲食・宿泊施設を含めたトータルのサービス提供が求められる。この点，確かに，名古屋・中京地域では，産業観光施設や飲食施設に関する情報をウェブサイト等で観光客に提供している。しかし，ワンストップまたはシームレスに近いかたちでのトータルサービスの提供には至っていない。

　企業経営でいえば，企業が自社の本業のみに固執し，関連事業で稼げる利益を取りこぼしている状況にある。また，顧客の満足度を高められない状況にある。

ドイツにおける公共主導の産業観光
（ルール地域「産業文化の道」）

　第6章では，ドイツ・ルール地域でのインタビューに基づき，日本の産業観光における課題解決策（命題）を2つ提案する。具体的には，第5章で提示した4つの課題のうち，「課題①：基礎的データを把握できていない」と「課題②：運営体制が明確にされていない」に対して，その解決策（命題）を提示していく。すなわち，分析を通じて，「提案①：基礎的データを考慮したマーケティング」と「提案②：多様な主体による持続可能なマネジメント」の必要性を明らかにする。

　第6章と第7章では，産業観光の先進地域とされる欧州諸国に着目していく。欧州諸国には，イギリスのアイアンブリッジやオランダのロッテルダムなど様々な産業観光の取り組みが存在する。これらの中から，第6章では，ドイツ・ルール地域における産業観光をモデルケースと位置づけ，ここでの成功要因の日本への適用を試みる。

　第6章の執筆に当たり，筆者はドイツ・ルール地域で産業観光を推進するルール地域連合とツォルフェライン財団にインタビューを行った。また，ジェトロ・デュッセルドルフ事務所へのインタビューを行い，ルール地域の社会経済状況を把握した（図表6-1）。第6章で用いる資料やデータは，特に記載のない場合，これらに基づく1次データである。

　以下では，まず1. で，ルール地域と「産業文化の道」の取り組みを概観する。その上で，ドイツ・ルール地域における産業観光の先進事例を分析する。次に，2. と3. において，ルール地域連合とツォルフェライン財団のマーケティングとマネジメントについて，考察していく。その上で，4. と5. において，日本の産業観光活性化方策を2つ提案した上で，まとめを述べる。

図表 6-1　インタビュー調査の概要（ドイツ・ルール地域）

No.	訪問先	日時	相手方
1	ジェトロ・デュッセルドルフ事務所	2019年 8月22日（木） 10:00〜11:10	次長1名
2	ルール地域連合 (Regionalverband Ruhr)	2019年 8月22日（木） 14:00〜15:30	国内外工業文化ネットワークチーム 工業文化部局 担当者2名
3	ツォルフェライン財団 (Stiftung Zollverein)	2019年 8月23日（金） 11:20〜12:50	広報担当者及び 建物運営担当者 各1名

※いずれも質問事項を事前送付の上，当日，これに対する質疑応答を実施した。No.2 と 3 は，
　ドイツ語通訳を委託した。
（出所）筆者作成。

1. ルール地域と「産業文化の道」

（1）ルール地域の概要

　まず，NRW 州は，面積約 34,113㎢，人口約 1,780 万人，州内総生産約 6,915 万€で，人口と州内総生産はドイツ第 1 位を誇る。人口数十万の都市が点在する経済力のある州とされている。

　次に，ルール地域は，面積約 4,400㎢，人口約 540 万人の工業地域であり，NRW 州の中心に位置する。ルール地域は，かつて石炭と鉄鋼業を中心とした産業クラスターを形成する世界最大の工業地域の 1 つであった。この石炭と鉄鋼の産業遺産こそが，産業観光の対象となっている。

　ルール地域の中心都市として，エッセン市が挙げられる。同市の人口は約 60 万人，主要産業は鉄鋼業とエネルギー産業である。エネルギー産業については，石炭から再生可能エネルギーへと転換が図られてきた。エッセン市は，鉄鋼業では Thyssen-Krupp が，エネルギー産業では RWE と E.ON が，それぞれ本社を置くなど，地域の拠点都市に位置づけられる[1]。

（2）産業文化の道

　1986 年に石炭の炭鉱が操業終了した後，NRW 州は，都市再開発事業 IBA

エムシャーパーク・プロジェクトに着手した[2]。これは，エムシャー川（写真6-1）流域約800㎢における都市開発事業である。ここでは，水系回復，雇用創出，住環境整備，産業遺産保存など，様々な事業が実施された。5つのテーマ（①生活を豊かにするウォーターフロント，②旧産業施設の保存，③公園の中のインダストリーパーク，④新時代にふさわしいハウジング，⑤社会的・文化的活動への支援）に基づき，疲弊した旧工業地域の再生・活性化が図られてきた。

　これらの事業は，1989～1999年（10年間）の時限組織IBAエムシャーパーク公社によって実施された。同公社は，NRW州からの資本金3500億マルク（約25億円）を出資により設立されている。10年間の間に実施された事業件数は120件で，総事業費が430億マルクであった。事業費の2/3は公的資金が，1/3は民間資金が，それぞれ導入された。

　1999年，IBAエムシャーパーク・プロジェクトの一環として，「産業文化の道」が整備された。これは，石炭と鉄鋼業の産業遺産活用に向けた施策で，そ

写真6-1　エムシャー川

（出所）2019年8月24日（土），筆者撮影。

の目的は「社会環境の変化する中で，地域経済，都市開発，社会的・文化的変化への対応に貢献すること」とされている。約400kmのルート上に25のアンカーポイント（以下「拠点施設」）が設定された。この中には，産業遺産を改修した産業博物館，ランドマーク，公園，文化施設などが存在する。「産業文化

図表6-2 「産業文化の道」の訪問者数（2017年）

No.	アンカーポイント（拠点施設）	訪問者数
1	Aquarius-Wassermuseum, Mülheim an der Ruhr	33,481人
2	Chemiepark, Marl	9,500人
3	DASA Arbeitswelt Ausstellung, Dortmund	209,203人
4	Deutsches Bergbaumuseum, Bochum	139,700人
5	Eisenbahnmuseum, Bochum	65,306人
6	Freilichtmuseum, Hagen	137,137人
7	Gasometer, Oberhausen	607,175人
8	Henrichshütte, Hattingen	121,303人
9	Hohenhof, Hagen	3,616人
10	Innenhafen, Duisburg	1,000,000人
11	Jahrhunderthalle, Bochum	201,640人
12	Kokerei Hansa, Dortmund	173,000人
13	Landschaftspark Duisburg-Nord, Duisburg	1,233,609人
14	Lindenbrauerei, Unna	120,000人
15	Maximilianpark, Hamm	440,000人
16	Museum der Deutschen Binnenschifffahrt, Duisburg	30,913人
17	Nordsternpark, Gelsenkirchen	450,000人
18	Schiffshebewerk Henrichenburg, Waltrop	94,436人
19	Umspannwerk, Recklinghausen	28,164人
20	UNESCO-Welterbe Zeche Zollverein, Essen	1,500,000人
21	Villa Hügel, Essen	97,408人
22	Zeche Ewald, Herten	200,000人
23	Zeche Nachtigall, Witten	39,092人
24	Zeche Zollern, Dortmund	116,515人
25	Zinkfabrik Altenberg, Oberhausen	204,322人
	計	7,255,520人

（出所）Regionalverbands Ruhr（2018）9-10頁の表1。

の道」の拠点施設一覧と訪問者数を，図表 6-2 と図表 6-3 に記載する。

この「産業文化の道」の特徴として，次の 2 点が挙げられる。特徴の第 1 は，訪問者数の明確化である。2017 年，「産業文化の道」訪問者数は，計約 725 万人であり，このうち約 150 万人が拠点施設のツォルフェライン炭鉱を訪問している（図表 6-2 の No.20）。

特徴の第 2 は，関係者間の役割分担の明確化である。すなわち，①ドイツ政府と NRW 州が全体的な地域開発や大規模資金調達に関する事項を，②ルール地域連合が「産業文化の道」全体に関する事項を，③ 25 の拠点施設運営者が各拠点施設に関する事項を，それぞれ所管することとされている。併せて，必要な公的資金措置も明示されている。すなわち，① 2017〜21 年の間，EU レベルのプロジェクトに約 78.4 万 €（資金負担者：ドイツ政府と NRW 州），② 2016〜18 年の間，NRW 州の地域開発プロジェクトに約 50 万 €（同：NRW 州とルール地域連合），③毎年の大規模拠点施設の保全に約 590 万 €（同：NRW 州），というかたちで，中長期的な資金計画が定められている。このように，産業観

図表 6-3 「産業文化の道」の地図

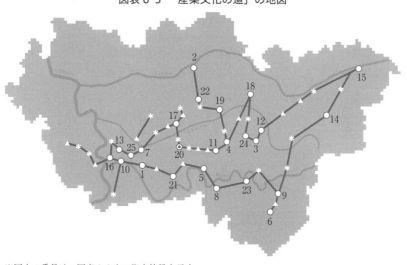

※図中の番号は，図表 6-2 中の拠点施設を示す。

（出所）Regionalverbands Ruhr（2018）"Ökonomische effekte der route der industriekultur" p.5.

光に特化した組織や予算が中長期的観点から確保されている点は，日本の産業観光では見られない特徴といえよう。

　なお，「産業文化の道」の 25 の拠点施設のうち，世界遺産登録されている産業遺産は，ツォルフェライン炭鉱のみとなっている（図表 6-2 の No.20）。

2. 産業観光の推進主体①：ルール地域連合

（1）組織と概要

　2004 年，ルール地域連合は，複数自治体の連合体として誕生した。環境整備，都市開発，経済振興等を幅広く手掛ける中で，産業観光に取り組んでいる。同連合が手掛ける産業観光分野の主な業務は，大きく 2 つに分類できる。

　第 1 に，「産業文化の道」ネットワークの統一的な維持・管理が挙げられる。インフォメーションや道路標識の統一化，自転車道の整備，メディアネットワーク構築などの業務を行っている[3]。これらの対応を 25 の拠点施設がバラバラに手掛けるのではなく，「産業文化の道」全体として統一的な対応を図っている点に，特徴がある。

　第 2 に，拠点施設における建物の維持・管理が挙げられる。ルール地域連合と NRW 州が共同で年間約 1000 万 € を投資（10 年間継続）して，5 つの主要拠点施設は特別品質基準に，残り 20 の拠点施設は（特別でない通常の）品質基準に，それぞれ基づいて建物の維持・管理を実施している。このほか，ビジターセンターに位置づけられるツォルフェライン炭鉱の全般的管理を手掛ける。

　ルール地域連合には，これら産業観光分野の業務を手掛ける職員 9 名が在籍している。職員に関する大きな特徴として，次の 2 点を指摘できよう。すなわち，職員 9 名は，①プロパー常勤職員である点，②同一業務に長期間従事している点，である。職員 9 名の業務の内訳は，①秘書，②経理，③観光サイクリング，④情報サイネージ（マーケティング），⑤データ文書，⑥建物維持管理（建築），⑦情報転送，⑧メディア対応，⑨部門長で，いずれも同一業務に長期間従事している。注目すべきは，こうした人事制度により，業務に関する知識や

ノウハウが組織や職員に蓄積している点にあるといえよう[4]。

(2) 財源（収入と支出）

　ルール地域連合は，自治体拠出の安定財源に支えられている。2018年の収入は約520万€で，これは計53の自治体が拠出する。言い換えると，同連合は，税金に基づく公的資金に支えられている。

　この資金の支出は，大きく2つから成る。第1に，組織外の支出として，5つの主要拠点施設の維持・管理費，残り20の拠点施設の維持・管理費，ビジターセンターに位置づけられるツォルフェライン炭鉱への助成金，などが挙げられる。第2に，組織内の支出として，インフラ（情報サイネージ，自転車道インフラ等），メディア（印刷物，インターネット等），などが挙げられる。

(3) マーケティングの仕組みと実施内容

　ルール地域連合の大きな特徴として，子会社のルール観光株式会社（Ruhr Tourism GmbH）の存在が挙げられる。同社はEU，NRW州，ルール地域連合からの資金と自主財源で運営されており，同連合から「産業文化の道」のマーケティングを受託している。

　ルール観光株式会社は，「産業文化の道」のマーケティングを一手に担うプロ集団といえる。大学卒のマーケティング専門家を採用し，イメージ制作，インターネットやSNSでの情報発信，イベントの企画運営（産業文化祭や花火大会など）を手掛けている。観光客誘致の主なターゲットは，地域の若者である。地域における産業遺産の理解者を増やすべく，若者を対象としてマーケティングを展開している。

　公的主体のルール地域連合は，民間主体のルール観光株式会社の活用により，「産業文化の道」のマーケティングのSTPを実践しているといえよう。

3. 産業観光の推進主体②：ツォルフェライン財団

(1) 組織と概要

　1998年，ツォルフェライン財団は，NRW州とエッセン市によって設立された。同財団の目的は，その名称の通り，ツォルフェライン炭鉱の維持・保全・活用を図ることにある。同炭鉱は，「産業文化の道」の25の拠点施設のうちビジターセンター（中核）に位置づけられる。同炭鉱は「産業文化の道」25の拠点施設中，世界遺産登録された唯一の産業遺産であり，訪問者数年間150万人（うち有料訪問者数は同約45万人）は群を抜いている。このことから，同財団は，同炭鉱はもちろん，「産業文化の道」全体における重要な位置づけにあるといえる。

　ツォルフェライン財団は，世界遺産登録された「石炭とコークス工場」の建物や施設を保存し，将来の活用に向けた中心的役割を担う。具体的業務として，

写真 6-2　世界遺産ツォルフェライン炭鉱（全景）

（出所）2019年8月23日（金）筆者撮影。

写真 6-3　世界遺産ツォルフェライン炭鉱（第 12 坑）

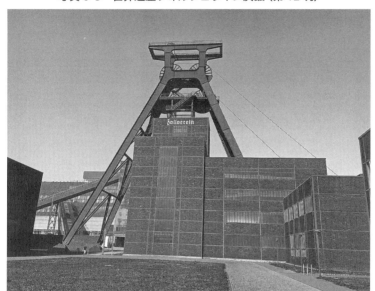

（出所）2019 年 8 月 23 日（金）筆者撮影。

建物管理，グランドデザイン，ファイナンス，マーケティング，運営方法策定などが挙げられる。

　ツォルフェライン炭鉱（写真 6-2）は「世界一美しい炭鉱」と言われ，第 12 坑の施設はその象徴と位置づけられる（写真 6-3）。第 12 坑は同炭鉱の正面入口に位置し，ここにルール博物館や観光ツアー受付窓口がある。

(2) 世界遺産登録

　2001 年，ツォルフェライン炭鉱は世界遺産登録された（図表 6-4）。先述の通り，同炭鉱は「産業文化の道」25 の拠点施設中，唯一，世界遺産として登録されている。同炭鉱敷地内のカフェ，レストラン，イベント会場はテクノロジーモニュメントに位置づけられる。

　現在，世界各地で世界遺産登録は増えているが，その中でツォルフェライン炭鉱には唯一の特徴がある。それは，「変容（変遷）という概念で，過去・現在・

図表 6-4　世界遺産ツォルフェライン炭鉱（概要図）

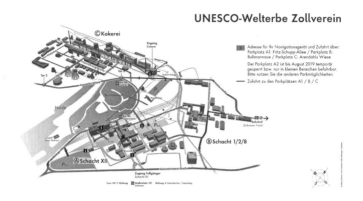

（出所）ツォルフェライン財団ウェブサイト。https://www.zollverein.de/
　　　　（閲覧日：2019 年 12 月 31 日）

未来を結びつけている点」である。すなわち，ツォルフェライン炭鉱では，過去の産業遺産の保存にとどまらず，現在における産業観光の観点からの活用，さらには将来に向けた子供の教育やスタートアップ企業へのオフィス貸付などを手掛けている。

　ツォルフェライン財団担当者によると，「世界遺産登録により，ツォルフェライン炭鉱の知名度は大いに上昇した。現在，外国人観光客は観光客全体の約10％だが，世界遺産登録のメリットを生かして，将来的にこの割合を増やしたい」とのことであった。一方，「世界遺産登録に伴い，施設の維持・管理基準が厳しくなったため，これに要する資金が増大している」旨を述べていた。現在，政府や NRW 州は，ツォルフェライン炭鉱の維持・管理に必要な資金をきちんと措置している。一方，政府や NRW 州は，資金確保の観点から，ツォルフェライン炭鉱以外の世界遺産登録に二の足を踏んでいる状況にある。

（3）組織と業務

　ツォルフェライン財団は，NRW 州やルール地域連合など他組織から独立し

ている。その組織は、地域における社会的便益の最大化を効率的に実現すべく、意思決定と現場実務を機動的に実践可能な形態であり、民間企業にも似た組織形態となっている。

　意思決定を担う組織として、次の2つが挙げられる。第1に、最高経営責任者CEO2名がいる。2名はそれぞれ経済と法律の専門家で、行政などから派遣される。任期5年で、同財団の包括的業務を所管する（施設の利活用やイベント企画等）。第2に、評議員会と執行委員会があり、いずれも学識経験者など数人で構成される。前者は組織の意思決定を、後者は業務執行の管理を、それぞれ所管する。

　現場実務を担う組織として、コミュニケーション・マーケティング部、ビジターサービス部、イベント管理部、ジョブツーリズムコーディネーション部（主にB to B）等の部署が挙げられ、ツォルフェライン炭鉱の開発、戦略、財務、コミュニケーション、マーケティングなどの業務を遂行している。ここには、職員約90人と名誉スタッフ約140人が在籍する。このうち、職員は長期雇用が前提で、何らかの専門性を持っている。名誉スタッフは、主に観光ガイドツアーに従事している。

　ツォルフェライン炭鉱の観光ガイドには、1つの特徴が挙げられる。それは、ガイドの質を確保するため、観光ガイドが有償雇用されていることである。同炭鉱では、「①観光客から観光ガイドの料金をきちんと徴収する。その代わり、②質の高い観光ガイドサービスを提供する。③徴収した料金は、ツォルフェライン財団の運営資金として同炭鉱の保存・活用に生かす」という仕組みが構築されている。これは、言い換えれば、企業は消費者に商品またはサービスを提供する、消費者はその対価を企業に対して支払う、ということになる[5]。

　ツォルフェライン財団の業務は、産業遺産の維持・保存・活用にとどまらない。将来に向けた新たな取り組みの一例として、官民連携によるイベントホールの整備を挙げておきたい。これは、同財団が企業に対して土地を100年間貸し付けて、企業が自己資金1,000万€以上を投資して2,500人収容のイベントホールを整備したというものである。このイベントホールは、企業の会議や展

示会，学会などのイベントに使用される。「世界遺産の中でのイベント開催」という独自の魅力により，今後，多くのイベント誘致・開催が見込まれる。このことは，世界遺産ツォルフェライン炭鉱の将来を切り開く大きな取り組みといえよう。

　このように，ツォルフェライン財団は，地域における社会的便益の最大化を効率的に実現すべく，意思決定と現場実務を機動的に実践可能な組織ということができる。同財団の職員は，いずれも長期雇用が前提で，何らかの専門性を持っており，自分達の仕事に自信と誇りを持って取り組んでいる。

(4) 財源（収入と支出）

　ツォルフェライン財団の財源は，公的資金に大きく依存している。世界遺産登録された施設の維持・管理費用は膨大であり，その費用を公的主体が責任を持って措置していると見なすことができる。

　2018年のツォルフェライン財団の収入を，図表6-5に示す。年間収入が約2,320万€で，うち約1,730万€（約74.6%）がNRW州とルール地域連合からの拠出，同約530万€（約22.8%）が同財団の自主財源，同約60万€（約2.6%）

図表6-5　ツォルフェライン財団の収入（2018年）

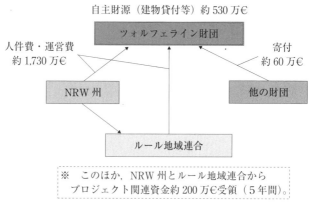

（出所）2019年8月23日（金）ツォルフェライン財団へのインタビュー調査に基づき，筆者作成。

が他財団からの寄付である。公的主体からの財源が約 3/4 を占める一方，観光ガイドや物販，建物貸付などの自主財源も約 1/4 と一定割合を占める点が特徴といえよう。これらの収入は，同財団の人件費や運営費など経常的経費に充てられる。

これら経常的経費とは別に，建物や施設の大規模修繕，個別プロジェクト実施の場合には，別途，NRW 州とルール地域連合から，資金措置がなされる仕組みが構築されている。筆者が同財団を訪問した 2019 年時点では，駐車場や施設整備等のプロジェクト向けに，NRW 州とルール地域連合から年間約 200 万 € を 5 年間受領しているとのことであった。

(5) マーケティングの仕組みと実施内容

ツォルフェライン財団では，「産業文化の道」の 25 の拠点施設のうちビジターセンター（中核）に位置づけられる世界遺産ツォルフェライン炭鉱のマーケティングを手掛けている。所管部署はコミュニケーション・マーケティング部で，その実施内容は，①報道機関や観光客との交流（外部向け情報発信やプレス），②観光パートナーとの交流（地域，国内，海外），③観光インフラの開発，の 3 つから成る。

ツォルフェライン財団のマーケティングでは，マーケティングの STP を徹底的に実践している点が特徴といえる。まず，スローガン「世界で一番きれいな炭鉱」を設定している。次に，毎年のテーマを定めて，これに基づき，地域を巻き込んだ統一的マーケティングを実践している。例えば，2019 年のテーマは「100 年」で，筆者の訪問時には，バオハウス様式の建物の PR などを実施していた。なお，2018 年は「石炭」を，2017 年は「自然」を，それぞれテーマとして設定した。

ツォルフェライン財団では，こうしたスローガンと毎年のテーマのもと，特に子供を重視したプログラムを実践している。すなわち，ターゲット客層を 8 ～80 歳と幅広く設定する一方，キャンプ，ワークショップ，体験学習，学校との連携といった子供重視のプログラムが多く設定されているのである。[6] ここ

には，地域の子供達にツォルフェライン炭鉱の理解者になってもらい，その意義を将来に語り継いでもらいたいという思いが込められている。また，ユネスコは「地域における子供の教育」を重視していることから，同財団における子供重視の施策実施は，世界遺産の意義とも合致していることが分かる。

　こうしたスローガンと毎年のテーマのもと，ツォルフェライン財団では，観光客向けに年間約500プログラムを提供している。その内容は，展示会，イベント，コンサートから，工場内プール，スケートリンクまで，多岐にわたる。一方で，プログラム数が多くなりすぎたため，今後，数を集約するとともに，デジタル化や光の装飾などを駆使して個々のイベントの魅力を高め，ミュンヘンなど遠方からの観光客誘致を図ることが検討されている。

　そして，この観光客向けプログラムの中核として，ガイドツアーが挙げられる。これは，ツォルフェライン財団の名誉スタッフ約100名がガイドを務め，観光客に対して建物や施設内の解説を行うものである。名誉スタッフの中には，ツォルフェライン炭鉱で働いていた元労働者も含まれており，彼らの熱意と意欲あふれる説明は観光客に好評を博している。

　現在，定番の「石炭と仲間について」からマニア向けまで，計36種類のメニューが用意されている。一方，観光客に人気のプログラムであるにも関わらず，名誉スタッフの高齢化に伴い，ガイドの人数は減少傾向にある。このため，近い将来，ガイドツアーの方式変更が予定されている。すなわち，デジタルサイネージや3Dなど新技術を活用して，臨場感溢れるガイドツアーを継続するというものである。

　以上の通り，ツォルフェライン財団では，マーケティングのSTPを実践していた。一連の取り組みは，日本の産業観光が参考にすべき内容といえよう。[7]

4. 産業観光活性化方策の提案

(1) 提案①：基礎的データを考慮したマーケティング

　日本の産業観光における課題として，まず「課題①：基礎的データを把握で

きていない」ことが挙げられる。この課題の解決策として，筆者は「提案①：基礎的データを考慮したマーケティング」を提案したい。

この点について，ドイツ・ルール地域の「産業文化の道」では，まず，基礎的データの把握がきちんとなされていた。すなわち，年間観光客数が約725万人，このうちビジターセンター（中核）に位置づけられるツォルフェライン炭鉱には同約150万人（うち外国人旅行客は約10％），これによる雇用創出効果が約760人など，数字やデータで定量的な把握がなされている。

次に，これら基礎的データを前提として，専門家によるSTP重視のマーケティングが実践されていた。具体的には，スローガン「世界で一番きれいな炭鉱」と毎年のテーマ「100年（2019年）」に基づき，ルール地域連合では子会社のルール観光株式会社が，ツォルフェライン財団ではコミュニケーション・マーケティング部が，特に地域の若者や子供をターゲットとしたマーケティングを展開している。これらは，民間企業と同等またはそれ以上に戦略的なマーケティング手法といえよう。

(2) 提案②：多様な主体による持続可能なマネジメント

日本の産業観光における課題として，次に「課題②：運営体制が明確にされていない」ことが挙げられる。この課題の解決策として，筆者は「提案②：多様な主体による持続可能なマネジメント」を提案したい。

これらの点について，ドイツ・ルール地域の「産業文化の道」では，NRW州，ルール地域連合，ツォルフェライン財団など，多様な組織がそれぞれの役割を果たしていた。これにより，持続可能なマネジメントが実現されている。その概要を，図表6-6示す。

筆者は，マネジメントの特徴として，次の2点を指摘したい。それは第1に，組織と人材である。「産業文化の道」では，各組織の役割分担が明確に定められていた。すなわち，①全体的な地域開発や大規模投資に関する事項は政府とNRW州が，②「産業文化の道」全体に関する事項はルール地域連合が，③25の拠点施設に関する事項は各サイト運営者が，それぞれ所管することとされて

図表 6-6 「産業文化の道」のマネジメント概念図

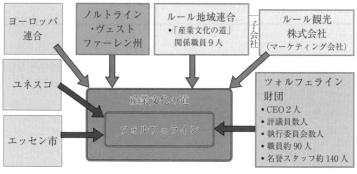

(出所) 筆者作成。

　いる。そして，各組織では，専門知識を持つプロパー職員が必要な知識やノウ
ハウを蓄積していた。具体的には，ルール地域連合ではプロパー職員9名が，
ツォルフェライン財団では同約90名が，それぞれ同一業務に長期間従事して
いる。このように，産業遺産の保存・活用に特化した組織と人材が中長期的観
点から確保されている点は，大きな特徴といえよう。
　マネジメントの特徴の第2は，財源である。ルール地域では，「石炭産業か
らの転換」という命題に基づき，「産業文化の道」に手厚い公的支援を実施し
ていた。すなわち，ルール地域連合は運営資金約520万€を市町から，そし
てツォルフェライン財団は同約2,320万€をNRW州とルール地域連合から，
それぞれ受領している。その上で，各組織が独立採算（収支均衡）で運営され
ていた。具体的には，毎年の経常的経費（人件費や運営費など），日常的な建物
の維持・修繕費のほか，特定の大規模修繕や地域開発等について，手厚い公的
支援が実施されている。このように，産業遺産の保存・活用に関する手厚い公
的支援，そしてこれに基づく各組織の独立採算（収支均衡）での運営は，大き
な特徴といえるであろう。

5. 検討とまとめ

　第6章では，ドイツ・ルール地域における産業観光をモデルケースと位置づけ，その成功要因の日本への適用を試みた。近年，日本では，産業観光が「観光客」「企業」「地域」の3者にメリットのある観光形態として注目されている。しかし，「観光客数や経済効果などを定量的に把握していない」「関係者の役割分担が明確でない」という地域が依然として多い。

　そこで筆者は，日本の産業観光において，「提案①：基礎的データを考慮したマーケティング」「提案②：多様な主体による持続可能なマネジメント」を実践する必要性が高いと考える。これにより，産業観光を「アフター・コロナの時代における着地型観光の有力な一形態」として位置づけることが可能となる。

注
1) Thyssen-Krupp は全独売上高21位，RWE は同17位，E.ON は同22位，いずれもドイツの主要企業である（2019年時点）。
2) IBA は Internationale Bau-ausstellung の略で，ドイツにおける建築・都市計画分野でのイノベーション方式のことを意味する。つまり，その時代における最先端の建築や都市計画を実施して，それを恒久的に展示することをいう。
3) メディアネットワーク構築の業務として，具体的に，イメージフィルム作成，プレースメントサービスのデジタル化，多言語対応，冊子作成，各種広告等が挙げられる。
4) ルール地域連合担当者によると，「例えば，壊れた標識の直し方1つ取っても，長年在籍しないと対応できないことが多い。知識やノウハウの蓄積が重要」とのことであった。2019年8月22日（木），同連合へのインタビューによる。
5) ドイツでは，観光は民間企業の行うビジネスと見なされる傾向がある。一方，日本では，観光は観光協会や自治体の行う慈善事業またはボランティアと見なされる傾向がある。このため，名所旧跡や寺社仏閣などの観光ガイドは，ボランティアとして無償で雇用されることが多い。この点は，日本の産業観光が参考にすべき点の1つといえよう。
6) ツォルフェライン財団担当者によると，「子供達は明日の訪問者であり，ツォルフェラインの大使という認識に基づき，特に子供向けプログラムを重視している」という。2019年8月23日（金），同連合へのインタビューによる。
7) 日本の観光客誘致では，一般的に，マーケティングの STP が実践されていない。実際，長野・富山両地域の産業観光でも，単に「観光客増加」に言及するのみで，「誰に，何を，いかに」提供するか，明確化されていない。

ドイツにおける民間主導の産業観光
（ヴォルフスブルク市「アウトシュタット」）

　第7章では，ドイツ・アウトシュタットに関するインタビュー調査に基づき，日本の産業観光における課題解決策（命題）を2つ提案する。具体的には，第5章で提示した4つの課題のうち，「課題③：企業の収益性が考慮されていない」と「課題④：観光客にトータルのサービスを提供できていない」に対して，その解決策（命題）を提示していく。すなわち，分析を通じて，「提案③：小売部門と連携したマーケティング」と「提案④：産業観光を軸とした地域の魅力向上」の必要性を明らかにする。

　第7章では，産業観光の先進地域とされる欧州諸国のうち，ドイツ・アウトシュタット（Autostadt ＝自動車の街）における産業観光をモデルケースと位置づけ，ここでの成功要因の日本への適用を試みる。ここで，アウトシュタットを分析事例に選定した理由として，次の2点が挙げられる。それは，民間企業主導により，(1)"稼ぐ"という観点から，小売部門と連携したマーケティングを行っていること。(2)訪問者に対して，飲食や宿泊を含むトータルサービスを提供していること，である。確かに，製造業の盛んなドイツには，メルセデス・ベンツ博物館やアウディ博物館等の自動車博物館が存在する。しかし，上述の (1) と (2) の取り組みを大規模かつ本格的に手掛けているのは，アウトシュタットということができる。

　第7章の執筆に当たり，筆者はアウトシュタットの立地するヴォルフスブルク市の経済マーケティング会社 WMG (Wolfsburg Wirtschaft und Marketing GmbH) にインタビューを行った[1]。ここでは，同社社長に対応いただき，ヴォルフスブルク市とアウトシュタットに関するデータや資料を収集している。併せて，ジェトロ・ベルリン事務所にインタビューを行った。ここでは，ニーダー

図表 7-1　インタビュー調査の概要（ドイツ・アウトシュタット）

No.	訪問先	日時	相手方
1	ジェトロ・ベルリン 事務所	2023 年 5 月 2 日（火） 14:30〜15:25	Director 1 人
2	ヴォルフスブルク市 経済マーケティング会社　WMG (Wolfsburg Wirtschaft und Marketing GmbH)	2023 年 5 月 3 日（水） 12:00〜13:15	社長 （経済・デジタル担当） 1 人

※質問事項を事前送付の上，当日，これに対する質疑応答を実施した。No.2 は，ドイツ語通訳を委託
した。
（出所）筆者作成。

ザクセン州とヴォルフスブルク市の経済社会状況に関する基礎資料を収集した
（図表 7-1）。

　また，2023 年 5 月 1 日（月），筆者はアウトシュタットの現地調査を 1 日か
けて実施している。第 7 章で用いる資料やデータは，特に記載のない場合，こ
れらに基づく 1 次データである。

　以下では，まず 1. で，アウトシュタットの立地するニーダーザクセン州と
ヴォルフスブルク市の経済社会状況を概観する。次に，2. において，フォル
クスワーゲン社とアウトシュタットの概要を述べる。そして，3. と 4. にお
いて，アウトシュタットにおける産業観光の取り組みを具体的に分析していく。
最後に 5. と 6. で，日本の産業観光活性化方策を 2 つ提案した後，まとめを
述べる。

1. ニーダーザクセン州とヴォルフスブルク市

(1) ニーダーザクセン州の概要

　ニーダーザクセン州は，面積約 47,616㎢，人口約 796 万人，州内総生産約
2,880 億 € となっている。州都は，ハノーファー（人口約 53 万人）である。こ
のうち州内総生産はドイツ全 16 州中 4 位で，全独 GDP の約 8.8％を占める[2]
（2021 年時点）。

　ドイツでは，1961 年のベルリンの壁建設以降における東西分断の進行に伴い，

大企業の多くが旧東ドイツから旧西ドイツに移動したという経緯がある。東西分断の解消後，これら大企業が旧東ドイツに戻ることはほとんど無かったという。このため，産業集積の多くは，現在も旧西ドイツ（現在のドイツの南部と西部）に位置している。ドイツ南部には自動車産業の集積が，同西部には化学やエネルギー産業の集積が，それぞれ存在する。自動車産業をはじめ"ものづくり"企業の集積が多く，日本の産業構造と似ているということができる。

こうした中，ニーダーザクセン州は旧西ドイツに含まれ，経済的に比較的恵まれた州と見なしうる。同州は，フォルクスワーゲン社に代表される自動車産業，北海沿いのハンブルクを中心とする物流や商業，このほかメディア産業や航空機産業の集積に基づき，全独4位の経済圏に位置づけられている。

(2) ヴォルフスブルク市の歴史と現在

ヴォルフスブルク市は，ニーダーザクセン州の州都ハノーファーから東へ約[3)]75km の場所に位置する。面積約 204㎢，人口約 12 万 7 千人となっている。1938 年，ヴォルフスブルク市はフォルクスワーゲン社の自動車生産のための計画都市として誕生した。同社の本社があり，企業城下町として発展してきた。

従前，ヴォルフスブルク市は自動車産業に特化した街であり，人々を惹きつける観光資源は特に存在しなかった。しかし 1990 年のドイツ東西分断解消後，自動車関係の博物館，美術館，大規模公園，アウトレット等が次第に整備され，多くの観光客を集めるようになっている。また，サッカークラブチーム「VfLヴォルフスブルク」とアイスホッケークラブチーム「グリズリー・アダムズ・ヴォルフスブルク」が同市に本拠地を置いている。両チームの試合には，遠方からを含め多くの観客が観戦に訪れており，同市はスポーツの街としての一面も持ち合わせている。

このような歴史的経緯から，ヴォルフスブルク市は国際的な街という特徴を持ち合わせている。自動車産業を中心に 150 以上の国の住民が居住しているほか，フォルクスワーゲン社の拠点のあるアメリカ，スペイン，中国等の海外企業関係者の往来が多い。

(3) ヴォルフスブルク市の観光

　ヴォルフスブルク市の主な観光資源として，アウトシュタット（年間来訪者数約211万人），デザイナーアウトレット（同約300万人），科学センターフェーノ（同約85,500人），美術館（同約25,000人），アラーパークのプラネタリウムと展望台（同約15,000人）が挙げられる。

　WMGでは，これらの観光資源を生かして，来訪者数と宿泊者数の増加に取り組んできた。特に宿泊客の増加に尽力しており，2019年には年間約65万泊の宿泊客があったという。2020年，プレミアイン（260室）の開業に伴い，市内で年間約80万泊を収容できる体制を整えている。

　2019年，ヴォルフスブルク市における観光の経済効果は，年間約3億9,500万€，雇用者数5,630人，年間税収約3,800万€であった。同市は，アウトシュタットとデザイナーアウトレットの2つを核として，遠方からの来訪者誘致を実現しているといえよう。

2. フォルクスワーゲン社とアウトシュタット

(1) フォルクスワーゲン社の重要性

　ヴォルフスブルク市にとって，フォルクスワーゲン社の存在意義は極めて大きい。現在，同市のフォルクスワーゲン社の自動車工場では，6万人以上の従業員が雇用されている。同社の建設したアウトシュタットには，年間200万人以上の来訪者がある。また同社は，同市のサッカーチームにも貢献している。WMG担当者は，「フォルクスワーゲン社はヴォルフスブルク市の一番重要なパートナー」という。

　ミッテルラント運河沿いにフォルクスワーゲン発電所の煙突が並び立つ光景は，ヴォルフスブルク市の象徴と位置づけられている（写真7-1）。

(2) アウトシュタットの概要

　アウトシュタットは，フォルクスワーゲン社の運営する自動車のテーマパー

写真 7-1　ミッテルラント運河とフォルクスワーゲン発電所

(出所) 2023 年 5 月 1 日 (月) 筆者撮影。

クである。1995 年，フォルクスワーゲン傘下のポルシェのオーナーであるフェ
ドナンドピエーヒにより，アウトシュタットのコンセプトが構築された。これ
に基づき，2000 年のハノーファー万博に合わせて，同社が約 4 億 3500 万 € を
投資するかたちで，アウトシュタット (約 28 万㎡) が誕生している。

　アウトシュタットは，フォルクスワーゲンの本社と工場の敷地の一角に立地
している。駐車場完備なのはもちろん，ヴォルフスブルク駅のすぐ北側に隣接
する立地のため，アクセス良好の立地といえる。コロナ前の 2019 年には，1
日平均来訪者数 6,000 人以上，年間来訪者数約 211 万人を集客した人気観光地
と位置づけられる。2019 年，同じ自動車の博物館「トヨタ産業技術記念館」
の訪問者数が 40 万人強であることに鑑みると，アウトシュタットの集客力の
大きさを理解できるであろう。

　アウトシュタットの産業観光では，企業側の一貫した"稼ぐ"姿勢が特筆さ
れよう。アウトシュタットは，フォルクスワーゲン社の子会社に位置づけられ

る。民間企業による経営のため，随所に"稼ぐ"視点を見出すことができる。第6章において，ドイツ・ルール地域の産業観光を考察した。ここでは，産業遺産を保存・活用するかたちで"公共主導"の産業観光が展開されていた。一方，アウトシュタットの産業観光は，同じドイツにおいて，"民間主導"で展開されている点において興味深い。以下では，アウトシュタットにおける民間主導の産業観光の特徴について，①収益性の確保，②トータルサービスの提供，の観点から考察していく。

3. アウトシュタットの特徴①：収益性の確保

(1) 短期的視点に基づく施策

　アウトシュタットの産業観光における特徴の1つ目は，「収益性の確保」にある。以下，このうち，短期的視点に基づく具体的施策を2つ考察したい。

写真 7-2　アウトシュタットにおける自動車の歴史展示

(出所) 2023 年 5 月 1 日（月）筆者撮影。

第1に，各種パビリオンでの自動車や関連技術の展示紹介である。アウトシュタットには，一方で，古今東西60以上の自動車メーカーの自動車展示（約260台），歴史紹介等を行う博物館が存在する（写真7-2）。他方で，フォルクスワーゲン，ブガッティ，ベントレー，アウディ，ポルシェといった最新の自動車ブランドのパビリオンが多数存在する。ここで，新型車や最新技術の展示紹介が行われている。

　例えば，2023年には，新モデル「ゴルフ8」「ティグワン」のお披露目会が行われ，多数の関係者や顧客が訪問したという。このように，新型車や最新技術の展示紹介を通じて，顧客の製品（自動車）への親近感醸成，購買意欲促進が図られている。実際，WMG社長は，「アウトシュタットにおける展示紹介の目的の1つとして，『来訪者に，最新の自動車を体験してもらう。そして，運転手と会話するなど未来の自動車を見てもらう』ことが挙げられる」と述べている。このことから，「展示紹介」が顧客の「親近感の醸成」に繋がっていると考えられる。また，WMG社長は，「確かに，アウトシュタットの展示紹介では，自動車の販売は主な目的ではない。しかし，これら展示紹介には，来訪者を『新車を購入したい』気持ちにさせる部分がある」と述べている。このことから，「展示紹介」について，顧客の「購買意欲の促進に繋がっている部分がある」と考えられる。[5]

　日本の産業観光，特に自動車のような高額製品に関する産業観光では，企業イメージの向上やCSRに主眼が置かれているケースが多い。これに対して，顧客の製品購買を視野に入れている点において，アウトシュタットの産業観光は特徴的といえよう。

　第2に，高価格・高品質なツアーである。アウトシュタットでは，来訪者向けに各種ツアーが用意されている。[6]まず，訪問者は入場券2,700円を支払う必要がある。次に，これに追加するかたちで，ガイドツアー900円，工場見学1,500円，ツアーとタワー2,250円，自動車の歴史900円，ニューモビリティー900円等の各種ツアーに参加することができる。オフロード運転5,850円や安全運転5,250円といったの運転体験も可能である。この他，キッズツアー8種

類とグループツアーが用意されている。

　入場した上で1~2種類のツアーに参加した場合，1人3,000~5,000円を支払うことになる。これは，博物館の価格帯というよりは，テーマパークのそれと捉えた方が適切であろう。そして，多くのツアーは所要約60分のしっかりした内容である。これにより，訪問者はテーマに関する理解を深め，知的欲求を満たすことができる。自動車のような専門分野に関する産業観光では，ガイドの案内があってこそ，来訪者は産業や製品に関する知られざる経緯や背景を把握して，満足度を高めることができる。

　日本の産業観光では，1人3,000~5,000円の高価格・高品質なガイドツアーは極めて少ない。同じ自動車の博物館「トヨタ産業技術記念館」では，入館料500円，ガイドツアー（45分）は無料となっている。この点，アウトシュタットの産業観光は，企業の収益性確保という点で大いに参考になりうるものといえる。[7]

（2）中長期的視点に基づく施策

　続いて，「収益性の確保」の観点から，中長期的視点に基づく具体的施策を2つ考察したい。

　第1に，オーナーへの新車の納車式である。ドイツ国内でフォルクスワーゲンの新車を購入したオーナーは，アウトシュタットで新車の納車を受けることができる。納車式当日，オーナーは，①アウトシュタット入口でナンバープレートの交付を受けた上で，②ガラス張りのカータワーで新車の出庫を見届

写真7-3　アウトシュタットのカータワー内部

（出所）2023年5月1日（月）筆者撮影。

ける。そして，③テストコースで新車の試運転に臨む。特に，高さ約 48m の
ガラス張りのカータワー 2 棟は，アウトシュタットの象徴であり，ここから新
車が出庫する様子は，オーナーの印象に残るであろう（写真 7-3）。2019 年，ド
イツ国内におけるフォルクスワーゲン購入者の約 26.0％（148,017 人）がアウト
シュタットで新車の納車式に臨んだという。その数は，1 日約 500 人にのぼる。

　新車の納車式に臨むオーナーとその家族の多くは，もちろんアウトシュタッ
トを見学・体験する機会を得ることとなる。このように，アウトシュタットの
産業観光では，新車の納車式を通じて，オーナーのフォルクスワーゲンに対す
るロイヤルティ醸成を図るとともに，その家族や子供を将来の顧客として育成
していると見なすことができる。日本の産業観光では，現在，このような中長
期的施策はほとんど見られない。このため，アウトシュタットの施策は，大い
に参考になりうるといえよう。

　第 2 に，個人のイベント開催である。アウトシュタットでは，ミッテルラン
ト運河に臨む緑豊かな公園（詳しくは後述）という環境の中において，家族のお
祝い，記念日，誕生日，入学式，結婚式といった個人のイベントを開催できる。
アウトシュタットでは，個々の顧客の希望に沿って，様々な個人イベントの企
画運営を行う。イベント会場「ダイニングルーム」において，アウトシュタッ
ト内のレストランやカフェ，ホテル（詳しくは後述）と連携しながら，顧客の要
望にきめ細かく対応している。

　このように，アウトシュタットで記念日や結婚式等の個人イベントを開催し
た顧客，そして招待された来訪者は，人生の大事な場所としてアウトシュタッ
トが印象に残るであろう。このことは，中長期的にアウトシュタットやフォル
クスワーゲン社の自動車に対する愛着，そして同社の収益へと結びつくと考え
られる。日本の産業観光施設において，個人の記念日や結婚式等の個人イベン
トを開催できるケースは少ない。おそらく，栃木県の大谷資料館や愛知県の「あ
いち航空ミュージアム」など，ごく一部に限られる。アウトシュタットにおけ
る個人のイベント開催を通じた収益性向上は，日本の産業観光にとって参考に
なりうる施策と考えられる。

4. アウトシュタットの特徴②：トータルサービスの提供

(1) ハード面の施策

　アウトシュタットの産業観光における特徴の2つ目は，「トータルサービスの提供」にある。以下，このうち，ハード面に関する具体的施策を2つ考察したい。

　第1に，緑豊かな公園である。アウトシュタットは自動車のテーマパークであるが，その敷地の多くは手入れの行き届いた美しい公園で構成されている。樹木，花壇，芝生，デザイナーによる建築物やオブジェ等が整然と整備され，敷地内に張り巡らされた水路が印象的である。敷地内には，子供向け遊具や高さ約18mの滑り台等も用意されている。アウトシュタットはいわば巨大な公園であり，フォルクスワーゲンに興味関心のある顧客はもちろん，自動車に興味の無い来訪者にとっても，1日のんびりできる空間が構成されている（写真7-4）。

写真 7-4　アウトシュタットの緑豊かな公園

（出所）2023年5月1日（月）筆者撮影。

日本の産業観光施設において，こうした緑豊かな公園が併設されているケースは少ないと考えられる。筆者の調査した日本国内3地域では，富山県のYKKセンターパークと長野県のかんてんぱぱガーデンくらいであろう。しかし，産業観光では，「産業観光に必ずしも興味の無い訪問者を誘致する」という観点から，緑豊かな公園の併設は有効な手段と考えられる。

　第2に，豊富な飲食・宿泊施設である。アウトシュタットには，多くのカフェやレストラン，そしてホテルが併設されている。いずれも，質の高いサービスを提供している。この点こそが，アウトシュタットの最大の特徴の1つといえる。飲食施設として，敷地内には，アマノ（レストラン），ビーフクラブ（牛肉料理），ダス・ブロート（パン），エルステ・ザーネ（カフェ），ラグーン（レストラン），モンドイタリアーノ（イタリア料理），タコメーター（軽食）の計7店舗のカフェやレストランが設置されている。これらは，いずれもアウトシュタット統一の「美食コンセプト」に基づき運営されている。すなわち，有機農業団体ビオランドとの提携に基づく食材仕入れにより，新鮮，美味，高栄養価の食事の提供を行っている。調理の際，保存料や添加物は一切使用されていない。

　そして，アウトシュタットには，宿泊施設として，5つ星ホテルのリッツ・カールトンが立地している。地方都市ヴォルフスブルク市へのリッツ・カールトンの立地は，極めて異例といえよう。ドイツ国内で同ホテルが立地するのは，他に首都ベルリンのみである。そして，同ホテル内には，ミシュラン3つ星レストランのアクアも存在する。15年間続けてミシュラン3つ星を獲得し続けるレストランの存在は，同市民にとって誇りとされている。

　日本の産業観光では，産業観光そのものに注力するあまり，飲食・宿泊サービスの提供が無い，またはあっても"空腹を満たすための間に合わせ"程度であり，質の高いサービスを必ずしも提供できていないケースが多い。しかし，来訪者の満足度は，産業観光そのものにとどまらず，飲食や宿泊を含めたトータルの視点で決まると考えられる。この点において，アウトシュタットにおける豊富な飲食・宿泊施設の設置は，参考になりうる施策といえよう。[8]

（2）ソフト面の施策

　続いて，「トータルサービスの提供」の観点から，ソフト面に関する具体的施策を2つ考察したい。

　第1に，夏と冬の大規模イベント開催である。アウトシュタットでは，夏と冬に大規模イベントを開催して，多くの来訪者獲得を実現している。2019年7月19日（金）～同年9月1日（日）の間，夏季イベント「新しい夏祭り」が開催された。ここでは，MOIAやID.3等の新しいモビリティに関する展示のほか，ミッテルラント運河沿いにビーチエリアが開設された。そして，アンドレアス・ブーラーニをはじめとする音楽アーティスト，コメディ，ダンス等50以上のステージが開催された。この夏季イベント期間中，約36万4,000人を集客している。

　そして2019年11月29日（金）～2020年1月5日（日）の間，冬季イベント「冬の不思議な街」が開催された。ここでは，アウトシュタット内の運河約6,000 ㎡がスケートリンクとなり，来訪者が自由滑走できるほか，アイスショーも開催された。子供向けのスノーワールドも設置されている。氷と雪のアウトシュタット，巨大クリスマスツリー，そしてフォルクスワーゲン発電所を含めたライトアップは，ヴォルフスブルク市のハイライトの1つとされる。この冬季イベント期間中，約45万5,000人の集客に成功している。

　これら夏と冬のイベントの特徴は，自動車に対する関心の高い顧客とそうでない顧客の両方に対する訴求力の高さにあると見なしうる。特に，産業観光と直接関係の無いビーチ，コンサート，スケート，アイスショー等を活用したいわば総合力による大量集客は，日本の産業観光にとって大いに参考になりうるものであろう。

　第2に，各種イベント開催である。上述の夏と冬の大規模イベントのほか，アウトシュタットでは，来訪者を飽きさせない多種多様のイベントが開催されている。その内容は，自動車に関係の深いものからそうでないものまで，実に様々である。例えば，ブガッティの自動車とレゴブロックで作った自動車の1：1モデルの展示，インフルエンサーとeスポーツマンによるヴォルフスブルク・

ゲーミングデー等が挙げられる。

　これら各種イベントの開催は，来訪者を飽きさせない工夫と見なすことができる。産業観光では，施設（ハード）を作るだけでなく，継続してイベント（ソフト）を実施することで，集客力を維持・拡大できると考えられる。

5. 産業観光活性化方策の提案

(1) 提案③：小売部門と連携したマーケティング

　産業観光に関する先行研究は，日本の産業観光における肯定的側面を総論的に論じるにとどまっており，産業観光の抱える課題とその解決策に関する言及は限定的であった。そこで第7章では，ドイツ・アウトシュタットに着目して，日本の産業観光における2つの課題とその解決策を検討してきた。ここでは，これまでの分析結果に基づき，日本の産業観光活性化方策を2つ提案したい。

　日本の産業観光における課題として，まず「課題③：企業の収益性が考慮されていない」ことが挙げられる。この課題の解決策として，筆者は「提案③：小売部門と連携したマーケティング」を提案したい。

　アウトシュタットでは，①各種パビリオンでの自動車や関連技術の展示紹介，②高価格・高品質なツアー，③オーナーへの新車の納車式，④個人のイベント開催を通じて，収益性の確保が志向されていた。このように，企業は産業観光を通じて，消費者の自社製品やサービスに対する親近感やロイヤルティを醸成し，小売部門の収益性確保に努めていく必要性が高い。自社製品やサービスの「小売は小売」，「産業観光は産業観光」と別に捉えるのではなく，言い換えると，小売は本業，産業観光は"オマケ"と位置づけるのではなく，両者を一体として考えるべきであろう。

　これまで，日本の観光では，「訪日外国人旅行者数○万人誘致」というように人数（量）目標のみに固執する傾向にあり，"稼ぐ"という観点が乏しかったように考えられる。ようやく2023年に閣議決定した観光立国推進基本計画（第4次）において，訪日外国人旅行消費単価（1人当たり）を2019年の15.9万円か

ら2025年に20万円へ引き上げる等，金額（質）を重視する傾向が見られるようになった。

"稼ぐ"という観点から，筆者は，産業観光において，企業が小売部門と連携したマーケティングによって，収益性を確保することを提案したい。

(2) 提案④：産業観光を軸とした地域の魅力向上

日本の産業観光における課題として，次に「課題④：観光客にトータルのサービスを提供できていない」ことが挙げられる。この課題の解決策として，筆者は「提案④：産業観光を軸とした地域の魅力向上」を提案したい。

アウトシュタットでは，①緑豊かな公園，②豊富な飲食・宿泊施設，③夏と冬の大規模イベント開催，④各種イベント開催を通じて，訪問者に対するトータルサービスの提供を実現していた。このように，産業観光では，産業観光そのものにとどまらず，他の観光資源や飲食・宿泊等を含む来訪者の求める需要を全て満たす必要性が高い。

実際，Nasuno, I. (2023) では，名古屋・中京地域における産業観光施設来訪者に対して，アンケート調査を実施している。ここでは，飲食・宿泊サービスの充実やイベント開催を求める意見が一定程度見られた。

とはいえ，日本では，民間企業主導で飲食・宿泊施設やイベント実施といったトータルサービスを提供するアウトシュタットのような産業観光施設は存在しないと考えられる。そこで，筆者は，例えば，地域のDMOが主導するかたちで，訪問者に対してトータルサービスを提供できるような体制構築，言い換えると産業観光を軸とした地域の魅力向上を提案したい。

6. 検討とまとめ

第7章では，ドイツ・アウトシュタットに関するインタビュー調査に基づき，日本の産業観光活性化方策を2つ提案した。すなわち，「提案③：小売部門と連携したマーケティング」と「提案④：産業観光を軸とした地域の魅力向上」

の2つである。これら2つの提案を考慮することで，日本の産業観光は，より一層発展すると考えられる。

　最後に，今後の課題を2つ述べたい。それは第1に，2つの提案の精度向上である。筆者は，2つの提案について，産業観光全般に広く適用可能な命題として位置づけたいと考えている。現時点では，アウトシュタットの分析のみに基づき，2つの提案（命題の提示）を行っているが，今後，他の海外事例の分析を通じて，これら2つの提案（命題）の精度を高めたい。第2に，上述の2つの提案の実施方策の検討である。どのような産業観光施設においてどの程度実施可能なのか，その際の実施主体と具体的な実施方法をどうするのか，予算やスケジュールも含めて明らかにしていきたい。

注
1) WMG の出資割合を見ると，ヴォルフスブルク市80%，商工会議所10%，シュパーカッセ銀行10%となっている。ドイツの自治体では，自治体の子会社（マネジメント会社）が多く存在するが，これらの多くは市の100%出資となっている。これに対して，WMG では，市以外の出資が入っているという特徴がある。また，WMG は，DMO としての役割も持ち合わせている。
2) 州内総生産の全独総生産に占める割合について，1位ノルトライン・ヴェスト・ファーレン州約20.5%，2位バイエルン州約18.5%，3位バーデン・ビュルテンベルク州約15.0%となっている。いずれも，旧西ドイツに位置する州である。
3) 第2次世界大戦時，ドイツ・ナチス政権のヒトラーは，連合国からの攻撃を避けるため，当時農村であったドイツ中央部のヴォルフスブルクに自動車工場を建設したとされる。当時の都市名は KDF ワーゲン市であった。KDF（喜びを通じて力を）はナチス政権のスローガンであったため，第2次大戦後の1945年，現在の都市名ヴォルフスブルクに改称された。なお，ヴォルフスブルクは「狼の城」を意味する。
4) フォルクスワーゲン社の株主構成を見ると，上から順にポルシェ31.9%，海外機関投資家22.2%，カーターホールディングス10.5%となっている。このポルシェ31.9%分は，フェドナントピエーヒ（Ferdnand piech）が所有している。彼は，アウトシュタットの父と呼ばれる。
5) ただし，現時点において，筆者は「『展示紹介』が『親近感の醸成』や『購買意欲の促進』に繋がる」ことを裏付けるデータや数字を入手できていない。今後，インタビュー調査等を通じて，データや数字の収集・精緻化に努めていく。これは，今後の課題としたい。
6) ここでは，1€150円，大人1人の価格で記載している。また，ツアーの種類は，2023年5月1日（月）時点のものを記す。ツアーの多くは，12か国語で実施されている。

7) 「収益性の確保」の観点からの「短期的視点に基づく施策」として，このほか，土産物
販売が挙げられる。しかし，筆者の現地調査によると，アウトシュタットでは，土産
物販売に積極的でない印象を受けた。売店は複数存在するが，販売品は，自動車ユーザー
向けの自動車関連品，オブジェ，置物，衣料品，玩具等が中心であった。日本の観光
地やテーマパークのように，食品，菓子類，小物等を充実させる余地があるように考
えられる。

8) ただし，アウトシュタットは計画的に作られたテーマパークという性格上，充実した
飲食・宿泊サービスを備えている点は，いわば当然ともいえる。一方，日本の産業観
光において，飲食・宿泊の要素が存在しないわけでは決してない。羽田・丁野（2007）
によると，特に食品製造業（飲料や菓子等）は素材・中間材・資本財関連の産業と比較
して消費者に身近であるため，多くの観光客を集めている。

第8章

日本の産業観光における課題解決策
（4つの命題）

1. 命題の抽出

　第9章と第10章では，産業観光の需要側（住民や観光客等の来訪者）に着目して，彼らが産業観光に求める要素を定量的手法に基づき明らかにする。この前提として，第8章では，まず，2. では，日本の産業観光における課題解決策（4つの命題）を整理する（以下枠内）。次に，3. において，産業観光の需要側（住民や観光客等の来訪者）の意向を把握すべく，来訪者アンケート調査の内容を策定することとしたい。

【日本の産業観光における課題解決策（命題）】
命題①：基礎的データを考慮したマーケティング
命題②：多様な組織による持続可能なマネジメント
命題③：小売部門と連携したマーケティング
命題④：産業観光を軸とした地域の魅力向上

---

2. 4つの命題

(1) 命題①：基礎的データを考慮したマーケティング

　日本の産業観光における課題の1つ目は，「課題①：基礎的データを把握できていない」ことである。産業観光に取り組む多くの地域では，観光客数や経済効果等の基礎的データを把握できていない。

　この課題解決策として，「命題①：基礎的データを考慮したマーケティング」

が必要と考えられる。観光客数や経済効果等を考慮した上で，STP重視の観光マーケティング実施の必要性が高い。ドイツ・ルール地域では，年間観光客数が約725万人，これによる雇用創出効果が約760人など，基礎的データを把握した上で，専門家によるマーケティングを実施していた。マーケティングのターゲットも若者や子供など，明確化していた。産業観光の実施に当たっては，まずは観光客数，消費額，経済効果等を明らかにした上で，STP重視のマーケティングを展開する必要性が高い。

(2) 命題②：多様な組織による持続可能なマネジメント

　日本の産業観光における課題の2つ目は，「課題②：運営体制が明確にされていない」ことである。産業観光に取り組む多くの地域では，全体計画の策定，投資の実施，イベントの実施等，どの主体が何を手掛けるのか，役割分担が明確ではない。観光地経営組織DMOの積極的な関与も，あまり見られない。

　この課題解決策として，「命題②：多様な組織による持続可能なマネジメント」が必要と考えられる。すなわち，自治体，商工会議所，企業等は，長期的視点に基づき，役割分担と予算措置を明確化しなければならない。ドイツ・ルール地域では，NRW州，ルール地域連合，ツォルフェライン財団など，多様な組織が，それぞれの役割を果たしていた。各組織の役割分担が明確に定められるとともに，各組織では，専門知識を持つ長期雇用のプロパー職員が建物管理やマーケティング等を行っていた。また，ルール地域連合は運営資金約520万€を市町から，ツォルフェライン財団は同約2,320万€をNRW州とルール地域連合から各々受領するなど，手厚い公的支援のもと各組織が運営されていた。産業観光の実施に当たり，まずは，商工会議所，自治体，各施設の役割分担を明らかにした上で，必要な組織・人材・財源を公的支援により措置する必要がある。

(3) 命題③：小売部門と連携したマーケティング

　日本の産業観光における課題の3つ目は，「課題③：企業の収益性が考慮さ

れていない」ことである。多くの企業にとって，産業観光はいわば本業のオマ
ケという位置づけにある。企業において，「産業観光で稼ぐ」「産業観光を自社
製品の販売戦略に明確に結び付ける」といった発想は乏しい。

　この課題解決策として，「命題③：小売部門と連携したマーケティング」が
必要と考えられる。すなわち，企業は小売部門の売上向上という観点から，産
業観光を通じて，製品に対する親近感の醸成，ロイヤルティの獲得，そして製
品の販売等に努める必要性が高い。ドイツ・アウトシュタットでは，①各種パ
ビリオンでの自動車や関連技術の展示紹介，②高価格・高品質なツアー，③
オーナーへの新車の納車式，④個人のイベント開催を通じて，収益性の確保が
志向されていた。企業は，自社製品やサービスの「小売は小売」，「産業観光は
産業観光」と別に捉えるのではなく，"稼ぐ"という観点から，両者を一体と
して考えるべきであろう。

(4) 命題④：産業観光を軸とした地域の魅力向上

　日本の産業観光における課題の4つ目は，「課題④：観光客にトータルのサー
ビスを提供できていない」ことである。産業観光に取り組む多くの地域では，
産業観光施設どうしの連携，産業観光施設と供食や宿泊施設との連携が充分考
慮されていない。

　この課題解決策として，「命題④：産業観光を軸とした地域の魅力向上」が
必要と考えられる。すなわち，地域全体として，産業観光はもちろん，飲食や
宿泊等，観光客の求める需要を全て満たす必要性が高い。ドイツ・アウトシュ
タットでは，①緑豊かな公園，②豊富な飲食・宿泊施設，③夏と冬の大規模イ
ベント開催，④各種イベント開催を通じて，訪問者に対するトータルサービス
の提供を実現していた。このように，産業観光では，産業観光そのものにとど
まらず，他の観光資源や飲食・宿泊等を含む来訪者の求める需要を全て満たす
必要性が高い。

3. 来訪者アンケート調査の考え方

　第9章と第10章では，産業観光の需要側（住民や観光客等の来訪者）に着目して，彼らが産業観光に求める要素を定量的手法に基づき明らかにする。そこで，第8章では，最後に，来訪者アンケート調査の調査票の考え方を示しておきたい。

　来訪者アンケート調査の調査票について，日本の産業観光における4つの課題解決策（4つの命題）に基づき，作成するものとする。来訪者アンケート調査は，利用者の「満足度」と「再訪意向（リピート）」を高めるにはどうすればよいか，という問題意識に基づいて実施する。分析手法として，因子分析と構造方程式モデリングを想定する。

　来訪者アンケート調査の具体的な質問内容については，上述の4つの命題に基づく約20項目としている。いずれの項目も，5件法，すなわち回答者が「1. そう思わない」「2. あまりそう思わない」「3. どちらともいえない」「4. ややそう思う」「5. そう思う」の5つの選択肢から1つのみ回答するものとした。[1]このほか，年齢，性別，居住地等の回答者属性を収集している（来訪者アンケート調査の具体的内容については，後ほど詳述）。

　第9章と第10章では，こうした来訪者アンケート調査に基づき，産業観光の需要側（住民や観光客等の来訪者）に着目して，彼らが産業観光に求める要素を定量的観点から明らかにしていく。

注
1) 満足度に関する質問項目については，「1. 不満」「2. 少し不満」「3. 普通」「4. 概ね満足」「5. 満足」の5つの選択肢から，それぞれ1つのみ回答するものとした。

産業観光の先進事例①
(名古屋・中京地域)

　第9章では，日本の産業観光における課題解決策（4つの命題）を検討する。具体的には，日本の名古屋・中京地域に着目し，産業観光施設利用者へのアンケート調査を探索的因子分析と構造方程式モデリングで分析していく。

1. 名古屋・中京地域の産業観光

　ここで，第9章の分析対象である名古屋・中京地域における産業観光の概要を述べておきたい。2001年，名古屋・中京地域で第1回全国産業観光サミットが開催された。名古屋・中京地域は，製造業（工作機械，自動車，繊維等），インフラ産業（エネルギー，交通等），伝統産業（陶磁器，織物，醸造等）が盛んで，日本における産業振興の中心的役割を果たしてきた。同地域で産業観光の取り組みが開始された大きな契機は，2005年開催の愛知万博であった。ここで，同地域では，愛知万博の訪問客をもてなすべく，既存の企業集積や企業博物館を生かした産業観光に注力した。このような経緯から，同地域では，産業観光の取り組みを全国に先んじて推進してきた。

　これまで名古屋・中京地域の産業観光では，「産業観光推進懇談会」（AMIC：Aichi Museum and Indutrial Sightseeing Conference）が中心となって，観光客の受入体制整備，情報発信等を進めてきた。なお，産業観光推進懇談会の事務局は，名古屋商工会議所が務めている。2022年1月時点において，産業観光推進懇談会（AMIC）に加盟する産業観光施設は，29館存在する（図表9-1参照）。このように，名古屋・中京地域は"ものづくり"の活発な地域であり，日本の産業観光発祥の地と位置づけられている。このため，名古屋・中京地域の分析

図表9-1　産業観光推進懇談会（AMIC）加盟の産業観光施設29館（2022年1月）

No.	施設名称	産業分野	運営主体
1	愛知県陶磁資料館	窯業	愛知県
2	★あいち航空ミュージアム	航空機	愛知県
3	あま市七宝焼アートヴィレッジ	窯業	あま市
4	有松・鳴海絞会館	繊維	有松絞商工協同組合
5	INAXライブミュージアム	窯業	株式会社リクシル
6	カクキュー八丁味噌の郷	味噌	合資会社八丁味噌
7	★岐阜かかみがはら航空宇宙博物館	航空機	各務原市
8	国際デザインセンター	デザイン	愛知県，名古屋市他
9	瀬戸蔵ミュージアム	窯業	瀬戸市
10	高浜市やきものの里かわら美術館	窯業	高浜市
11	でんきの科学館	電気	株式会社中部電力
12	東邦ガス　ガスエネルギー館	ガス	東邦ガス株式会社
13	徳川美術館	伝統産業	公益財団法人徳川黎明会
14	★トヨタ会館	自動車	トヨタ自動車株式会社
15	★トヨタ産業技術記念館	工作機械，織機，自動車	トヨタグループ
16	豊田市和紙のふるさと	和紙	豊田市
17	★トヨタ博物館	自動車	トヨタ自動車株式会社
18	内藤記念くすり博物館	製薬	エーザイ株式会社
19	名古屋市科学館	科学技術	名古屋市
20	名古屋市博物館	地域産業	名古屋市
21	ネックス・プラザ	高速道路	名古屋高速道路公社
22	ノリタケの森	窯業	株式会社ノリタケ
23	博物館明治村	建築	名古屋鉄道株式会社
24	ブラザーミュージアム	ミシン，OA機器	ブラザー工業株式会社
25	MIZKAN MUSEUM	醸造	ミツカングループ
26	三菱UFJ銀行貨幣資料館	金融	三菱UFJ銀行
27	盛田味の館	醸造	盛田株式会社
28	ヤマザキマザック工作機械博物館	工作機械，織機，自動車	ヤマザキマザック株式会社
29	★リニア・鉄道館	鉄道	東海旅客鉄道株式会社

（※）★：第9章における調査対象（6施設）
（出所）佐藤（2021）と名古屋商工会議所提供資料に基づき，筆者作成。

から得られた知見は，日本の産業観光全般に適用可能と考えられる。

2. 課題解決策（命題）に基づく来訪者アンケート調査の分析

(1) 来訪者アンケート調査の概要

　第9章では，分析対象をより具体的に絞り込むこととしたい。第1に，名古屋・中京地域に特有の"交通"関連産業に着目していく。同地域には，自動車，鉄道，航空関連の企業集積が存在する。すなわち，自動車販売台数世界一（2020年約952万台）のトヨタ自動車株式会社，世界初の高速鉄道"東海道新幹線"を運行する東海旅客鉄道株式会社が本社を置く。また，同地域では，2011年から国家戦略総合特区「アジアNo.1航空宇宙産業クラスター形成特区」の指定を受けて航空宇宙産業の育成に取り組んでおり，三菱重工業株式会社や川崎重工業株式会社など航空機関連企業の集積が見られる。

　第2に，消費者にとって"身近でプレミアム性のある商品・サービス"に着目する。すなわち，名古屋・中京地域に存在する様々な産業の中から，自動車，鉄道輸送サービス，航空輸送サービスを取り上げていく。これらは，消費者が「いつかは乗りたい」と考える"身近でプレミアム性のある商品・サービス"

図表9-2　来訪者アンケートの調査概要と回答者属性

(1) 日時	2022年4月4日（月）～6日（水）
(2) 方法	調査会社によるWebアンケート調査
(3) 質問内容	性別，年齢，同行者，図表9-4記載の21項目
(4) 対象者	以下①及び②の両方に該当する者 ①岐阜県，静岡県，愛知県，三重県いずれかの住民 ②図表9-3「質問1」の産業観光施設いずれかの来訪者（概ね1年以内）
(5) 回答数	400人
(6) 回答者性別	【男性】69.8%（279人）【女性】30.3%（121人）
(7) 回答者年齢	【10～20代】3.0%（12人） 【30代】13.8%（55人）【40代】23.0%（92人） 【50代】22.8%（91人）【60代】21.0%（84人） 【70代以上】16.5%（66人）
(8) 回答者府県別	【岐阜】13.8%（55人）【静岡】12.8%（51人） 【愛知】66.3%（265人）【三重】7.3%（29人）

（出所）筆者作成。

である。筆者は，これらに着目することで，より大きな経済波及効果を期待できると考える。実際，ドイツのアウトシュタットでは自動車，そしてアメリカのシアトル（ボーイング社の本拠地）やフランスのトゥールーズ（エアバス社の本拠地）では航空機という“身近でプレミアム性のある商品”を核とした総合力により，多くの観光客の集客に成功している。

　こうした問題意識に基づき，2022年4月4日（月）〜6日（水），筆者はインターネットによる来訪者アンケート調査を業者委託により実施した。ここでは，図表9-1に記載の29館のうち，No.2あいち航空ミュージアム，No.7岐阜かか

図表9-3　アンケート調査結果（単純集計の概要）①

【質問1】直近概ね1年以内に訪問した「名古屋・中京地域の産業観光施設」は，どこですか（1つ選択）。

	選択肢	回答数	回答割合
1	あいち航空ミュージアム（愛知県豊山町）	65	16.3%
2	岐阜かかみがはら航空宇宙博物館（岐阜県各務原市）	73	18.3%
3	トヨタ会館（愛知県豊田市）	36	9.0%
4	トヨタ産業技術記念館（愛知県名古屋市）	62	15.5%
5	トヨタ博物館（愛知県長久手市）	76	19.0%
6	リニア・鉄道館（愛知県名古屋市）	88	22.0%
	計	400	100%

【質問2】質問1で回答した施設をいつ訪問しましたか（1つ選択）。

	選択肢	回答数	回答割合
1	直近1週間未満	29	7.3%
2	直近1週間〜2週間未満	42	10.5%
3	直近2週間〜1か月未満	32	8.0%
4	直近1か月〜3か月未満	40	10.0%
5	直近3か月〜半年未満	47	11.8%
6	直近半年〜1年未満	210	52.5%
	計	400	100%

【質問3】質問1で回答した施設に，誰と行きましたか（1つ選択）。

	選択肢	回答数	回答割合
1	自分ひとり	84	21.0%
2	友人・知人	52	13.0%
3	恋人	18	4.5%
4	夫婦	94	23.5%
5	家族	136	34.0%
6	学校の団体	4	1.0%
7	地域の団体	3	0.8%
8	職場の団体	7	1.8%
9	その他	2	0.5%
	計	400	100%

（出所）筆者作成。

図表 9-4　来訪者アンケートの質問内容（21 項目）

命題	No.	【質問 4】
命題 1 マーケティング 基礎的データを考慮した	1	「施設」について，事前の情報収集（展示内容，アクセス，料金等）は，比較的容易であった。
	2	「施設」の入館，体験コース，食事等について，予約の要不要，予約が必要な場合の手順の把握は，比較的容易であった。
	3	「施設」について，「どのような客層がどのように楽しめるのか」をもっと明確に示してほしかった（例：小中学生向けの体験学習，大人が楽しめるテーマパーク，外国人向けの日本のものづくり体験等）。
	4	「施設」周辺の観光施設や飲食・レジャー・宿泊等を含めた周遊モデルコースの提案があればよかった。
	5	名古屋・中京地域全体の産業観光※に関するモデルコースの提案があればよかった（例：テーマ別（自動車，食品，伝統産業等）コース，親子向け体験学習コース等）。※産業観光とは，歴史的，文化的価値のある産業文化財（機械器具，工場遺構等），生産現場（工場，工房等）及び製品などを観光資源とし，それらを通じてモノづくりの心に触れるとともに，人的交流を促進する観光活動のことをいいます。
	6	名古屋・中京地域において，旅行会社等主催の産業観光ツアー（有料）があれば，参加したい。
命題 2 マネジメント 多様な組織による持続可能な	7	「施設」の内容やコンセプトについて，理解を深めることができた。
	8	「施設」の内容やコンセプトをより深く理解するために，もっと臨場感あふれる展示がほしい（例：現場労働者による詳しい説明，デジタルサイネージを用いた展示等）。
	9	「施設」の内容やコンセプトをより深く理解するために，もっと知的好奇心をくすぐる体験型・参加型のプログラムがほしい（例：ミニチュアモデルの組立・塗装・デザイン体験，モデルコースでの運転体験等）。
	10	将来，「施設」の内容が現状以上に充実したものになれば，もっとお金（入場料やガイド料，体験料等）を支払ってもよい。
命題 3 マーケティング 小売部門と連携した	11	「施設」の訪問後，「施設」に関連するお土産やグッズを購入したい気持ちになった。
	12	「施設」の訪問後，観光（見学・体験）の対象となった製品やサービスに以前より親しみがわいた。
	13	「施設」の訪問後，観光（見学・体験）の対象となった製品やサービスを以前より購入・使用する意欲が高まった。
	14	「施設」の訪問後，観光（見学・体験）の対象となった製品やサービスについて相談・購入できる窓口等があればよいと思った。
	15	「施設」において，公私にわたるイベントを開催できるとよい（例：親族の結婚式や記念日のお祝い，自分の所属する企業の会議やレセプションなど）。
命題 4 産業観光を軸とした地域の魅力向上	16	「施設」の魅力をしっかり満喫するために，飲食施設をもっと充実してほしい（例：ファミリー向けの廉価なレストラン，年配客向けの高級なレストランなど）。
	17	「施設」の魅力をしっかり満喫するために，「施設」と一体化した（または至近の）宿泊施設がほしい。
	18	「施設」において，緑豊かな公園や美術館など 1 日のんびりできる空間があるとよい。
	19	「施設」において，展示会，物産展，コンサート等の各種イベント開催があるとよい。
―	20	「施設」をいつかまた来訪（リピート）したい。
	21	「施設」について，満足度をお答えください。

（※）図表中の「施設」欄には，回答者が図表 9-3「質問 1」で選択した産業観光施設いずれかが入る。
（出所）小原（2020），関田・橘（2020），那須野（2016,19,21a），Nasuno, I.（2023）に基づき，筆者作成。

図表 9-5　アンケート調査結果（単純集計の概要）②

No.	【質問4】 （※質問内容を簡略化）	1.そう思わない	2.あまりそう思わない	3.どちらともいえない	4.ややそう思う	5.そう思う
1	情報収集の容易性	13	34	69	153	131
2	予約手順の容易性	7	43	121	128	101
3	ターゲット客層の明確化	25	67	135	115	58
4	周遊モデルコース（飲食・宿泊・レジャー）の要望	25	59	138	120	58
5	産業観光モデルコースの要望	20	60	144	115	61
6	産業観光ツアー（有料）の要望	41	72	140	101	46
7	内容やコンセプトの理解促進	6	26	110	170	88
8	臨場感あふれる展示の要望	12	46	147	131	64
9	体験型プログラムの要望	12	47	146	125	70
10	充実した展示への多額の支払意思	15	60	148	123	54
11	お土産やグッズの購入意欲	23	69	143	108	57
12	見学対象の製品やサービスへの親しみ	12	38	144	147	59
13	見学対象の製品やサービスの購入意欲	18	46	160	116	60
14	見学対象の製品やサービスに関する購入相談窓口の要望	24	53	164	116	43
15	公私にわたるイベント開催の要望	29	68	146	115	42
16	飲食施設充実の要望	17	62	133	117	71
17	宿泊施設充実の要望	38	68	171	76	47
18	のんびりできる空間（公園や美術館）設置の要望	16	40	113	150	81
19	各種イベント（展示会，物産展，コンサート）開催の要望	20	47	146	134	53
20	再訪意向（リピート）	9	33	117	156	85

No.	【質問4】 （※質問内容を簡略化）	1.不満	2.少し不満	3.普通	4.概ね満足	5.満足
21	満足度	9	28	91	182	90

（出所）筆者作成。

みがはら航空宇宙博物館，No.14 トヨタ会館，No.15 トヨタ産業技術記念館，No.17 トヨタ博物館，No.29 リニア・鉄道館の6館の利用者を対象とした。これら6館は，それぞれ航空，自動車，鉄道をテーマとする産業観光施設である。筆者は，これら6館を概ね半年以内に訪問した利用者400人を対象として，来

訪者アンケート調査を実施した（図表9-2〜9-5）。

　このうち質問内容（図表9-4）については，日本の産業観光における課題解決策（4つの命題）に基づく質問項目 No.1〜21 から構成される。質問項目 No.1〜20 については，「1. そう思わない」「2. あまりそう思わない」「3. どちらともいえない」「4. ややそう思う」「5. そう思う」の5つの選択肢から，質問項目No.21 は，「1. 不満」「2. 少し不満」「3. 普通」「4. 概ね満足」「5. 満足」の5つの選択肢から，それぞれ構成される。回答者は，全ての質問項目において，選択肢いずれか1つのみ回答している。

(2) 探索的因子分析

　第9章では，日本の名古屋・中京地域に着目し，産業観光活性化方策を検討する。しかし，分析モデルは事前に確立していない。そこで筆者は，利用者アンケート調査の結果に対して，探索的因子分析を行った（図表9-6）。因子の推定方法は最尤法を，因子の回転は直交回転（バリマックス法）を，それぞれ採用している。その結果，以下の3つの因子により，50%を超える情報を説明できることが明らかとなった。すなわち，因子1は固有値8.747（寄与率46.04%），因子2は同1.251（同6.59%），因子3は同0.750（同3.95%）であった（累積寄与率56.58%）。なお，因子の推定に当たり，各項目（変数）の因子負荷量について，①0.5以上，かつ②最も大きな値を採用している。

　因子1は，より満足度の高い展示やプログラムに関する変数（No.3,8,9），そして幅広い観光施設訪問に関する変数（No.4,5）における因子負荷量が大きい。このことから，因子1を「躍動感・新規性」と解釈する。因子2は，見学対象の製品やサービスへの親しみや購入に関する変数（No.6,11,12,13,14,15,17）における因子負荷量が大きい。このことから，因子2を「製品やサービスの購入」と解釈する。そして因子3は，事前の情報収集や予約手順，内容やコンセプトの理解促進に関する変数における因子負荷量が大きい（No.1,2,7）。このことから，因子3を「円滑な見学」と解釈する。

図表 9-6　探索的因子分析結果 (アンケート調査 19 項目)

No.	変数	因子1 躍動感・新規性	因子2 製品やサービスの購入	因子3 円滑な見学
8	臨場感あふれる展示の要望	**0.706**	−0.041	0.233
9	体験型プログラムの要望	**0.689**	−0.076	0.297
4	周遊モデルコース (飲食・宿泊・レジャー) の要望	**0.633**	0.160	−0.059
5	産業観光モデルコースの要望	**0.594**	0.273	−0.078
3	ターゲット客層の明確化	**0.582**	0.175	0.014
13	見学対象の製品やサービスの購入意欲	−0.062	**0.739**	0.220
11	お土産やグッズの購入意欲	−0.021	**0.650**	0.188
14	見学対象の製品やサービスに関する購入相談窓口の要望	0.345	**0.609**	−0.096
15	公私にわたるイベント開催の要望	0.286	**0.608**	−0.082
12	見学対象の製品やサービスへの親しみ	−0.123	**0.543**	0.470
6	産業観光ツアー (有料) の要望	0.309	**0.533**	−0.102
17	宿泊施設充実の要望	0.369	**0.509**	−0.134
2	予約手順の容易性	0.012	−0.009	**0.792**
1	情報収集の容易性	0.052	−0.072	**0.749**
7	内容やコンセプトの理解促進	0.103	0.105	**0.654**
10	充実した展示への多額の支払意思	0.359	0.169	0.330
16	飲食施設充実の要望	0.322	0.290	0.239
18	のんびりできる空間 (公園や美術館) 設置の要望	0.462	0.022	0.303
19	各種イベント (展示会, 物産展, コンサート) 開催の要望	0.372	0.280	0.160

(出所) 筆者作成。

(3) 構造方程式モデリング

　上述の「3因子」と因子負荷量 0.5 以上の「15 変数」に基づき，筆者は構造方程式モデリングによる分析を行った。利用者の「満足度」と「再訪意向 (リピート)」を高めるにはどうすればよいか，という問題意識に基づき，モデルを構築した (図表 9-7)。

　このモデルの適合度検定の結果は，$\chi2 = 358.64$，df (degrees of freedom) = 104，p = 0.000 であった。一見，モデルが棄却されたように見受けられる。しかし，今回のアンケート調査のサンプル数は 400 と一定の大きさがある。サンプル数が大きくなると，適合度検定の抽出力が高くなり，たいていのモデルは

図表 9-7　分析結果（構造方程式モデリング）

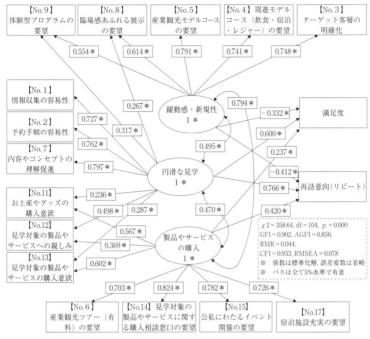

（出所）筆者作成。

棄却されてしまう。そこで，代表的な適合度指標の値を見ることとする。すなわち，GFI（Goodness of Fit Index）= 0.902，AGFI（Adjusted GFI）= 0.856，RMR（Root Mean square Residual）= 0.044，CFI（Comparable Fit Index）= 0.933，RMSEA = 0.078 であった。一般的に，GFI，AGFI，CFI が 0.9 または 0.95 より大きい場合，RMR と RMSEA が 0.1 または 0.05 より小さい場合，当てはまりのよいモデルと判断される。すなわち，このモデルは，サンプル数が 400 と大きいため，適合度検定によれば許容されないが，各種適合度指標はいずれも「概ね許容」される値を示している。[1]

それでは，図表 9-7 のモデルを考察していく。第 1 に，「円滑な見学」を望む利用者ニーズが存在する。具体的には，産業観光施設に関する情報収集や事前の予約等の容易性（No.1,2），施設の内容やコンセプトに関する理解促進（No.7）等

を望むニーズが挙げられる。この「円滑な見学」から「満足度」（係数 0.600）と「再訪意向（リピート）」（同 0.766）に対して，それぞれ正のパスが引かれる結果となった。すなわち「円滑な見学」という利用者ニーズに応えることにより，産業観光施設に対する「満足度」と「再訪意向（リピート）」を高めることが可能となる。係数の値も比較的大きいため，産業観光施設は「円滑な見学」に対する利用者ニーズを満たす必要性が高い。ここでは，こうした「円滑な見学」に対するニーズを持つ利用者を「一般的な観光客」と見なすことにしたい。

　第2に，「躍動感・新規性」を望む利用者ニーズが存在する。具体的には，一方で，産業観光施設におけるターゲット客層の明確化（No.3），臨場感あふれる展示や体験型プログラム（No.8,9）等を望むニーズが挙げられる。他方で，周辺地域における産業観光モデルコースや周遊モデルコース（飲食・宿泊・レジャー）の要望（No.4,5）等を望むニーズが挙げられる。この「躍動感・新規性」から「満足度」（係数 -0.332）と「再訪意向（リピート）」（-0.412）に対して，それぞれ負のパスが引かれる結果となった。このことは，1つの産業観光施設のみで「躍動感・新規性」という利用者ニーズに応えようとしても，当該産業観光施設に対する「満足度」と「再訪意向（リピート）」を高めることは難しいことを意味する。ここでは，こうした「躍動感・新規性」に対するニーズを持つ利用者を「能動的な観光客」と見なすことにしたい。

　第3に，「製品やサービスの購入」を望む利用者ニーズが存在する。具体的には，一方で，見学対象の製品やサービスの購入または購入相談窓口（No.13,14）等を望むニーズが挙げられる。他方で，有料産業観光ツアーの要望，宿泊施設の充実，さらにはイベント開催（No.6,15,17）等のより多くの支払意欲を見出すことができる。この「製品やサービスの購入」から「満足度」（係数 0.237）と「再訪意向（リピート）」（0.420）に対して，それぞれ正のパスが引かれる結果となった。すなわち「製品やサービスの購入」という利用者ニーズに応えることにより，産業観光施設に対する「満足度」と「再訪意向（リピート）」を高めることが可能となる。ここでは，こうした「製品やサービスの購入」に対するニーズを持つ利用者を「支出意欲旺盛な観光客」と見なすことにしたい。

3. 産業観光活性化方策の提案

(1) 提案①:「能動的な観光客」への対応

　これまでの分析結果に基づき,筆者は日本の名古屋・中京地域における産業観光活性化方策を提案したい。それは,「能動的な観光客」と「支出意欲旺盛な観光客」への対応強化である。現在,これらの取り組みの不足を指摘できる。

　まず「能動的な観光客」は,産業観光施設の展示やプログラムにこれまで以上の「躍動感」を期待するとともに,他の産業観光施設,飲食・宿泊,レジャー等の周遊を含めたこれまでに無い「新たな魅力(新規性)」を求めていると考えられる。言い換えると,産業観光施設1か所のみで「能動的な観光客」の「満足度」や「再訪意向(リピート)」を高めることは難しい。個々の産業観光施設が展示やプログラムを改善するとともに,複数の産業観光施設,さらには飲食・宿泊,レジャー等の施設の連携により,「能動的な観光客」のニーズに応えるべきことが示唆される。

　現在,名古屋商工会議所が複数の産業観光施設をモデルコースというかたちで紹介しているが,筆者はここに飲食・宿泊,レジャー等の要素も盛り込んだパッケージとして観光客に提示することを提案したい。この理想形は,ミシュラン3つ星レストラン「アクア」,フードコート,カフェなどの供食施設,ホテル「リッツ・カールトン」などの宿泊施設をパッケージとして観光客に提供するドイツのアウトシュタットである。しかし名古屋・中京地域では,1か所の施設でこれら全てを提供することは難しい。そこで,複数施設の連携により,「能動的な観光客」の要望に的確に応えていくべきであろう。

(2) 提案②:「支出意欲旺盛な観光客」への対応

　次に「支出意欲旺盛な観光客」は,産業観光施設の訪問を通じて,①見学対象の製品やサービスの購入意欲を高めている,そして②宿泊施設充実や利用者主体のイベント開催等,多様なかたちで消費意欲を高めている,と考えられる。ここから,次の2点が示唆される。すなわち,①産業観光施設では,単なる展

示にとどまらず，利用者を見学対象の製品やサービスの購入に結び付ける必要性が高い。②有料産業観光ツアーの実施，宿泊施設の充実，利用者主体のイベント開催等，利用者のより多様な消費意欲に応える必要性が高い。産業観光施設１か所のみで実施困難な場合には，複数の産業観光施設，地域の企業や自治体等の連携により，これら「支出意欲旺盛な観光客」のニーズに応えることが有効と考えられる。この理想形は，オーナーへの納車式や新モデルの試運転等を実施しているドイツのアウトシュタットである。これらは，「支出意欲旺盛な観光客」のプレミアム感の醸成に成功している取り組みといえよう。

　現在，名古屋・中京地域では，こうした取り組みはほとんど見られない。見学対象の製品やサービスの販売に結び付ける取り組み，利用者主体のイベント開催等により，「支出意欲旺盛な観光客」の要望に的確に応えていく必要性が高い。自動車，航空，鉄道の産業観光施設において，観光客が公私にわたるイベント，例えば「親族の結婚式」「自分の所属する企業の会議やレセプション」等を行えれば，大変魅力的なことであろう。

4. 検討とまとめ

　第９章では，①名古屋・中京地域特有の"交通"関連産業，そして②消費者にとって"身近でプレミアム性のある商品・サービス"に着目して，産業観光施設６館の利用者を対象にアンケート調査を行った。そして，構造方程式モデリングによる分析結果を踏まえ，筆者は，日本の名古屋・中京地域における産業観光活性化方策を２つ提案した。それは，「能動的な観光客」と「支出意欲旺盛な観光客」への対応強化である。今後，これらの提案が日本の産業観光全般に適用可能かどうか，検討を進めていきたい。

注
1）朝野他（2005）pp.82-86，118-122参照。

産業観光の先進事例②
(地域一体型オープンファクトリー)

　第10章では，引き続き，日本の産業観光における課題解決策（4つの命題）を検討する。具体的には，地域一体型オープンファクトリーの需要側（住民や観光客等）に着目して，彼らがオープンファクトリーに求める要素を定量的に明らかにする。来訪者へのアンケート調査結果について，探索的因子分析と構造方程式モデリングで分析していく。

　地域一体型オープンファクトリーに関する先行研究（川原他（2014）や栗井（2022）等）によると，オープンファクトリーは産業観光の概念に包含される。言い換えると，オープンファクトリーは産業観光の新たな潮流と見なしうる。しかし，地域一体型オープンファクトリーに関する来訪者の観点からの先行研究は，これまで存在しない。

　オープンファクトリーは，来訪者にとって，地域の魅力を認識する機会となり，企業にとって，商品開発におけるイノベーションや企業同士のコラボレーションの機会等として期待されている。2010年代，オープンファクトリーの取り組みは，東京都内の産業集積地から始まり，全国に拡大した。2015年には，経済産業省（2015）『オープンファクトリーガイドブック』が発行され，一層の普及が図られている。オープンファクトリーサミットの開催地は，51地域を数える（2023年4月1日時点）。

　第10章の構成は，次の通りとなる。まず，1. では，川原他（2014），岡村他（2016），栗井（2022）に基づき，オープンファクトリーについて概説する。次に，2. において，来訪者アンケート調査の概要を述べた後，同調査について，探索的因子分析と構造方程式モデリングにより検討していく。その上で，3. と4. で地域一体型オープンファクトリーの改善提案とまとめを述べる。

1. 地域一体型オープンファクトリーの概要

（1）開催の背景

　近年，オープンファクトリーの開催が相次ぐ背景として，次の2つが挙げられる。

　1つ目は，産業の活性化である。日本の産業集積地では，職人の技や最先端技術に基づく製品開発や企業経営により，地域経済をけん引してきた歴史がある。しかし，近年，国際競争の激化や後継者不足による廃業等，産業の活性化が求められている。代表的な産業集積地における製造業事業所数の変化を見ると，その減少傾向が明らかとなっている（図表10-1）。こうした状況下，産業の育成，人材の誘引，製品の販路開拓，付加価値の向上等が求められている。これらを実現するのための1つの方策として，オープンファクトリーが注目されている。

　2つ目は，観光の振興である。2020〜22年の3年間，日本の国際観光客数（インバウンドとアウトバウンド）は，コロナ禍に伴い，大幅な減少となった（図表

図表10-1　製造業事業所数の推移

（出所）経済産業省（各年版）『工業統計調査結果』に基づき，筆者作成。

図表 10-2　国際観光客数の推移

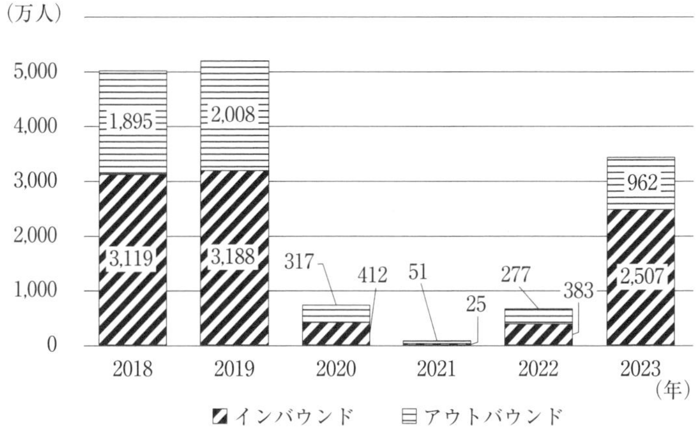

(万人)

（出所）国土交通省（各年版）『観光白書』等に基づき，筆者作成。

10-2)。しかし，2023 年以降，こうした状況は改善の兆しを見せつつある。2022 年 10 月 11 日，国際観光における新型コロナウイルス感染症に関する水際措置の見直しが行われた。これにより，これまでの国際観光の抑制要因は撤廃された。また同日，国内観光に関する全国旅行支援が開始された。これにより，国内観光の促進が図られることとなった。こうした中，コロナ後の観光振興という観点から，オープンファクトリーが注目されている。

(2) 開催の経緯と事例

　2010 年代，オープンファクトリーは，東京下町の産業集積地から始まった。代表例として，2011 年開始の台東モノマチ（東京都台東区），2012 年開始のおおたオープンファクトリー（東京都大田区）等が挙げられる。こうした取り組みが，徐々に全国へ拡大していく。地方における代表例として，2012 年開始の高岡クラフツーリズモ（富山県高岡市），2013 年開始の燕三条工場の祭典（新潟県燕・三条両市）等が挙げられる。

　2015 年以降，関西における動きが顕著で，2021 年には 16 地域に広がっている。代表例として，2015 年開始の「RENEW」（福井県鯖江市他），2018 年開始

写真10-1　地域一体型オープンファクトリー（福井県越前市の「千年未来工藝祭」）

の「千年未来工藝祭」（福井県越前市）や「こーばへ行こう！」（大阪府東大阪市）等が挙げられる（写真10-1）。現在，関西では，2025年の大阪・関西万博を契機として，新たな関西の魅力づくりという観点から，オープンファクトリーが注目されている。日本全国におけるオープンファクトリーの開催地域は，図表10-3の通り。

（3）実施内容

　通常，オープンファクトリーでは，地域における工場の一斉公開が一定期間行われる。ここでは，工場関係者と来訪者との交流，経営者や職人による作業内容の解説，来訪者向け製品販売，ものづくり体験やワークショップ等が実施される。これら工場公開の範囲は，徒歩圏に収まるもの（台東モノマチ等）から，複数市にまたがるもの（RENEW等）まで多岐にわたる。

　川原他（2014）は，オープンファクトリーにおける主な実施内容を4つに整

図表 10-3　オープンファクトリー一覧 (2023 年)

No.	名称	都道府県	No.	名称	都道府県
1	Asahikawa Design Week	北海道	27	関の工場参観日	岐阜県
2	オープンファクトリー五感市	岩手県	28	愛知県瀬戸市の町歩きエッセイ ほやほや	愛知県
3	かぬまオープンファクトリー	栃木県	29	こもガク祭 コモノオープンファクトリー	三重県
4	川口オープンファクトリー	埼玉県	30	★DESIGN WEEK KYOTO	京都府
5	彩の国オープンファクトリー	埼玉県	31	★DESIGN WEEK TANGO	京都府
6	ふなばしオープンファクトリー	千葉県	32	★FAct Eat kadoma	大阪府
7	おおたオープンファクトリー	東京都	33	★みせるばやお	大阪府
8	おうめオープンファクトリー	東京都	34	★てぬぐいフェス	大阪府
9	台東モノマチ	東京都	35	★FactorISM ～アトツギたちの文化祭～	大阪府
10	スミファーすみだファクトリーめぐりー	東京都	36	★泉州(貝塚)オープンファクトリー	大阪府
11	浅草エーラウンド	東京都	37	★こ～ばへ行こう！東大阪市オープンファクトリー	大阪府
12	かつしかライブファクトリー	東京都	38	★大正・港オープンファクトリー	大阪府
13	川崎北工業会オープンファクトリー	神奈川県	39	★CRAFT VILLAGE	兵庫県
14	港北オープンファクトリー	神奈川県	40	★リアル播州織	兵庫県
15	あやせ工業団地オープンファクトリー	神奈川県	41	オープンファクトリー IN あまがさき	兵庫県
16	燕三条 工場の祭典	新潟県	42	★KAIMAKU	奈良県
17	GOSEN KNIT FES	新潟県	43	★SG ストリート NARA	奈良県
18	～職人探訪～十日町きもの GOTTAKU	新潟県	44	★黒江るるる	和歌山県
19	銅器団地オープンファクトリー	富山県	45	わかやまものづくり文化祭	和歌山県
20	高岡クラフツーリズモ	富山県	46	つやまエリアオープンファクトリー	岡山県
21	めがねフェスオープンファクトリー	福井県	47	勝央工業団地オープンファクトリー	岡山県
22	★RENEW	福井県	48	えひめさんさん物語「オープンファクトリー」	愛媛県
23	★千年未来工藝祭	福井県	49	やながわオープンファクトリー	福岡県
24	ハタオリマチフェスティバル	山梨県	50	職人めぐり～オープンファクトリー工場見学～	福岡県
25	ニラサキオープンファクトリー	山梨県	51	伊万里・有田焼オープンファクトリー	佐賀県
26	瑞浪オープンファクトリー	岐阜県		★：第 10 章における調査対象 (16 地域)	

(出所) 粟井 (2022)，経済産業省 (2022) 等に基づき，筆者作成。

理している。すなわち，①工場公開・加工体験，②スタッフ解説付きツアー，
③ものづくりコンテンツを集約する仕掛け（製品や技術の展示，企業と学生との
コラボ商品販売等），④拠点施設でのワークショップ，である。

　また岡村他 (2016) は，オープンファクトリーの実施内容について，「地域展
開性」と「時限性」に着目した。そして，前者の観点から，①地域内の回遊性
促進，②ものづくりと地域の他要素との連携，③ものづくり資源のネットワー

ク構築を目指した企画に，後者の観点から，④製品開発等に関する社会実験の場としての活用，⑤製品の販売促進に，それぞれ言及している。

(4) 開催の意義

　オープンファクトリー開催の意義について，岡村他 (2016)，北條 (2019)，栗井 (2022) は，「企業」と「地域」の観点から論じている[1]。このうち栗井 (2022) は，企業のメリットとして，①企業・産地イメージの向上，②企業の売上拡大・経営力強化，③企業間連携の促進，④職人や企業の活力向上，⑤人手不足の解消，を挙げている。すなわち，企業は，川原他 (2014) のいう「多くの工場が参加できる (略) 産業振興策」としてのオープンファクトリーを通じて，上述①〜⑤の意義を見出すことが可能となる。

　そして栗井 (2022) は，地域のメリットとして，①地域の新たな魅力づくり，②地域ネットワーク・地域コミュニティの創出，③交流人口の拡大，④社会教育，を挙げている。すなわち，来訪者は，オープンファクトリーにおいて，製造工程の見学，ワークショップへの参加等を通じて，普段できない体験をする。このことを通じて，地域はオープンファクトリーに上述①〜④の意義を見出すことが可能となる。

2. 課題解決策 (命題) に基づく来訪者アンケート調査の分析

(1) 来訪者アンケート調査の概要

　本章では，日本の産業観光における課題解決策 (4つの命題) を検討する。具体的には，オープンファクトリーの需要側 (住民や観光客等の来訪者) に着目して，彼らがオープンファクトリーに求める要素を定量的手法に基づき明らかにしていく。その際，近年，オープンファクトリーの盛んな関西地域に着目する。

　こうした問題認識に基づき，2023 年 4 月 3 日 (月)〜5 日 (水)，筆者は経済産業省 (2022) の取り上げる関西の地域一体型オープンファクトリー 16 地域を

図表 10-4　来訪者アンケートの調査概要と回答者属性

(1) 日時	2023 年 4 月 3 日（月）〜5 日（水）
(2) 方法	調査会社による Web アンケート調査
(3) 質問内容	性別，年齢，同行者，図表 10-6 記載の 20 項目
(4) 対象者	以下①及び②の両方に該当する者 ①福井県，滋賀県，京都府，大阪府，兵庫県，奈良県，和歌山県いずれかの住民 ②図表 10-5「質問 1」の地域一体型オープンファクトリーいずれかの来訪者（概ね 5 年以内）
(5) 回答数	300 人
(6) 回答者性別	【男性】69.0%（207 人）【女性】31.0%（93 人）
(7) 回答者年齢	【10〜20 代】7.7%（23 人） 【30 代】19.7%（59 人）【40 代】23.0%（69 人） 【50 代】23.3%（70 人）【60 代】17.3%（52 人） 【70 代以上】9.0%（27 人）
(8) 回答者府県別	【福井】3.3%（10 人）【滋賀】4.0%（12 人） 【京都】15.7%（47 人）【兵庫】20.7%（62 人） 【大阪】48.0%（144 人）【奈良】3.7%（11 人） 【和歌山】4.7%（14 人）

（出所）筆者作成。

対象に Web で来訪者アンケート調査を実施した（図表 10-3 中，No.22〜23,30〜40,42〜44）。その結果，300 人から回答を得た（図表 10-4〜10-7）[2]。

このうち質問内容（図表 10-6）については，上述の 4 つの命題に基づく No.1〜18 の 18 項目から構成される。いずれの項目も，回答者が「1. そう思わない」「2. あまりそう思わない」「3. どちらともいえない」「4. ややそう思う」「5. そう思う」の 5 つの選択肢から 1 つのみ回答するものとした。このほか，訪問したオープンファクトリーについて，「再訪意向（リピート）」と「総合的な満足度」を質問した。前者については前述の質問 18 項目と同様の 5 つの選択肢から，後者については「1. 不満」「2. 少し不満」「3. 普通」「4. 概ね満足」「5. 満足」の 5 つの選択肢から，それぞれ 1 つのみ回答するものとした。

(2) 探索的因子分析

第 10 章では，オープンファクトリーについて，来訪者のニーズを明らかにする。その際，分析モデルは明確に確立されていない。そこで筆者は，来訪者

図表10-5 アンケート調査結果（単純集計の概要）①

【質問1】 直近概ね5年以内に，選択肢のオープンファクトリー（以下「OF」）を訪問したことはありますか（1つ選択）。

	選択肢	回答数	回答割合
1	RENEW（福井県）	33	11.0%
2	千年未来工藝祭（福井県）	23	7.7%
3	DESIGN WEEK KYOTO（京都府）	16	5.3%
4	DESIGN WEEK TANGO（京都府）	8	2.7%
5	大正・港オープンファクトリー（大阪府）	56	18.7%
6	てぬぐいフェス（大阪府）	23	7.7%
7	みせるばやお（大阪府）	16	5.3%
8	こーばへ行こう！（大阪府）	13	4.3%
9	FactorISM（大阪府）	12	4.0%
10	FAct Eat kadoma（大阪府）	4	1.3%
11	泉州（貝塚）オープンファクトリー（大阪府）	27	9.0%
12	CRAFT VILLAGE（兵庫県）	18	6.0%
13	リアル播州織（兵庫県）	15	5.0%
14	SGストリートNARA（奈良県）	7	2.3%
15	KAIMAKU（奈良県）	10	3.3%
16	黒江るるる（和歌山県）	19	6.3%
	計	300	100%

【質問2】 質問1で回答したOFをいつ訪問しましたか（1つ選択）。

	選択肢	回答数	回答割合
1	2022年度	113	37.7%
2	2021年度	80	26.7%
3	2020年度	46	15.3%
4	2019年度	29	9.7%
5	2018年度	32	10.7%
	計	300	100%

【質問3】 質問1で回答したOFに，誰と行きましたか（1つ選択）。

	選択肢	回答数	回答割合
1	自分ひとり	72	24.0%
2	友人・知人	51	17.0%
3	恋人	23	7.7%
5	夫婦	65	21.7%
6	家族	68	22.7%
6	学校の団体	2	0.7%
7	地域の団体	6	2.0%
8	職場の団体	13	4.3%
	計	300	100%

（出所）筆者作成。

図表 10-6　来訪者アンケートの質問内容（20 項目）

命題	No.	【質問 4】
命題1 基礎的データを考慮したマーケティング	1	オープンファクトリーについて，事前の情報収集（展示・体験内容，アクセス，料金等）は，比較的容易であった。
	2	オープンファクトリーでの製作体験やワークショップ等について，予約の要不要，予約が必要な場合の手順の把握は，比較的容易であった。
	3	オープンファクトリーについて，「どのような客層がどのように楽しめるのか」をもっと明確に示してほしかった（例：小中学生向けの製作体験，大人向けの製品販売等）。
	4	オープンファクトリー周辺の観光地や飲食・宿泊・レジャー等を含めた周遊モデルコースの提案があればよかった。
	5	今回訪問したオープンファクトリーに加えて，近隣地域で開催される別のオープンファクトリーを訪問したい。
	6	旅行会社等主催のオープンファクトリーツアー（詳しい解説，製作体験，食事，土産等の付いた有料ツアー）があれば，参加したい。
命題2 多様な組織による持続可能なマネジメント	7	オープンファクトリーの内容やコンセプトについて，理解を深めることができた。
	8	オープンファクトリーにおいて，もっと臨場感あふれる展示がほしい（例：工場労働者による詳しい説明，デジタルサイネージを用いた展示，映像による解説等）。
	9	オープンファクトリーにおいて，もっと知的好奇心をくすぐる体験型・参加型のプログラムがほしい（例：製品の製作，塗装，デザイン体験，製品の試用体験等）。
	10	将来，オープンファクトリーの内容が現状以上に充実したものになれば，もっとお金（入場料，ガイド料，体験料等）を支払ってもよい。
命題3 小売部門と連携したマーケティング	11	オープンファクトリーで見学や体験の対象となった製品について，以前より親しみがわいた。
	12	オープンファクトリーで見学や体験の対象となった製品について，購入したい気持ちになった。
	13	オープンファクトリーで見学や体験の対象となった製品について，帰宅後にインターネット等で購入したい。
	14	オープンファクトリーとコラボレーションするかたちで，公私にわたるイベントを開催できるとよい（例：親族の結婚式や記念日のお祝い，自分の所属する企業の会議やレセプション等）。
命題4 産業観光地を軸とした地域の魅力向上	15	オープンファクトリーにおいて，飲食施設をもっと充実してほしい。
	16	オープンファクトリーにおいて，宿泊施設をもっと充実してほしい。
	17	オープンファクトリーにおいて，緑豊かな公園や美術館など1日のんびりできる空間があるとよい。
	18	オープンファクトリーにおいて，展示会，物産展，コンサート等の各種イベント開催があるとよい。
―	19	オープンファクトリーをいつかまた来訪（リピート）したい。
	20	オープンファクトリーの満足度を教えてください。

（出所）小原（2020），関田・橘（2020），那須野（2016,19,21a），Nasuno, I.（2023）に基づき，筆者作成。

図表 10-7　アンケート調査結果（単純集計の概要）②

No.	【質問4】 （※質問内容を簡略化）	1.そう思わない	2.あまりそう思わない	3.どちらともいえない	4.ややそう思う	5.そう思う
1	情報収集の容易性	16	53	75	104	52
2	予約手順の容易性	9	29	90	115	57
3	ターゲット客層の明確化	13	44	103	104	36
4	周辺観光モデルコースの要望	9	40	88	115	48
5	近隣地域の OF 訪問意向	9	34	83	111	63
6	有料 OF ツアーの要望	7	24	92	121	56
7	内容やコンスプトの理解促進	5	23	75	121	76
8	臨場感ある展示の要望	4	37	97	111	51
9	体験・参加型プログラムの要望	5	34	91	121	49
10	充実した内容への支払意欲	5	45	91	98	61
11	製品への親しみ	7	24	74	130	65
12	製品の購入意欲	3	29	87	116	65
13	製品の継続的購入	11	23	94	112	60
14	公私のイベント開催の要望	7	30	88	114	61
15	飲食施設充実の要望	7	26	85	104	78
16	宿泊施設充実の要望	13	37	97	95	58
17	のんびりできる空間づくり	8	26	88	108	70
18	各種イベント開催の要望	7	25	92	107	69
19	再訪意向（リピート）	5	22	68	121	84

No.	【質問4】 （※質問内容を簡略化）	1.不満	2.少し不満	3.普通	4.概ね満足	5.満足
20	満足度	6	14	104	129	47

（出所）筆者作成。

アンケート調査の結果（No.1〜18 の 18 項目（変数））に対して，探索的因子分析を行った（図表 10-8）[3)]。因子の推定方法は最尤法を，因子の回転は直交回転（バリマックス法）を，それぞれ採用している。

　その結果，以下の3つの因子により，50％を超える情報を説明できることが明らかとなった。すなわち，因子1は固有値4.715（寄与率26.2％），因子2は同3.483（同19.35％），因子3は同1.894（同10.53％）であった（累積寄与率56.08％）。なお，因子の推定に当たり，各項目（変数）の因子負荷量について，

図表 10-8　探索的因子分析結果（アンケート調査 18 項目）

No.	変数	因子1 多様な サービス	因子2 円滑な 見学	因子3 客層の 明確化
15	飲食施設充実の要望	0.701	0.190	0.244
18	各種イベント開催の要望	0.667	0.390	0.143
16	宿泊施設充実の要望	0.659	0.008	0.297
17	のんびりできる空間づくり	0.656	0.227	0.250
13	製品の継続的購入	0.646	0.380	0.106
14	公私のイベント開催の要望	0.614	0.321	0.246
12	製品の購入意欲	0.590	0.502	0.021
9	体験・参加型プログラムの要望	0.581	0.301	0.327
10	充実した内容への支払意欲	0.546	0.379	0.204
8	臨場感ある展示の要望	0.537	0.250	0.426
2	予約手順の容易性	0.176	0.718	0.283
1	情報収集の容易性	0.129	0.701	0.221
7	内容やコンセプトの理解促進	0.293	0.637	0.275
11	製品への親しみ	0.493	0.619	− 0.025
5	近隣地域の OF 訪問意向	0.368	0.586	0.308
3	ターゲット客層の明確化	0.180	0.257	0.728
4	周辺観光モデルコースの要望	0.371	0.230	0.536
6	有料 OF ツアーの要望	0.409	0.436	0.381

（出所）筆者作成。

①0.5 以上，かつ②最も大きな値を採用している。

　因子1は，より満足度の高い展示やプログラムに関する変数（No.8,9,10），製品の購入意欲（No.12,13），そして飲食・宿泊の充実や各種イベント開催に関する変数（No.14,15,16,17,18）における因子負荷量が大きい。このことから，因子1を「多様なサービス」と解釈する。

　因子2は，事前の情報収集や予約手順，内容やコンセプトの理解促進，製品への親しみに関する変数（No.1,2,5,7,11）における因子負荷量が大きい。このことから，因子2を「円滑な見学」と解釈する。

　そして因子3は，ターゲット客層の明確化や周遊観光モデルコースの要望に関する変数（No.3,4）における因子負荷量が大きい。これは，オープンファクト

リーの特徴や対象客層を明確に把握した上で訪問したい，オープンファクトリーにとどまらず周辺地域も観光したい，という要望と見なしうる。このことから，因子3を「客層の明確化」と解釈する。

(3) 構造方程式モデリング

　上述の「3因子」(潜在変数)と因子負荷量0.5以上の「17変数」(観測変数)に基づき，筆者は構造方程式モデリングによる分析を行った。利用者の「満足度」と「再訪意向 (リピート)」(いずれも観測変数)を高めるにはどうすればよいか，という問題意識に基づき，モデルを構築した (図表10-9)。

　このモデルについて，代表的な適合度指標の値を見ると，GFI (Goodness of Fit Index) = 0.857，AGFI (Adjusted GFI) = 0.807，RMR (Root Mean square Residual) = 0.058，CFI (Comparable Fit Index) = 0.901，RMSEA = 0.087 であった。

図表10-9　分析結果 (構造方程式モデリング)

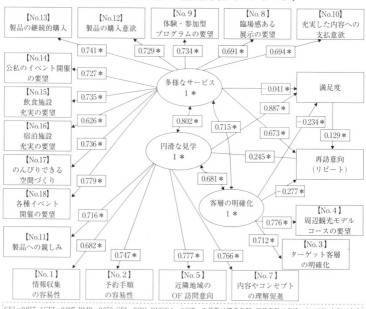

GFI = 0.857，AGFI = 0.807，RMR = 0.058，CFI = 0.901，RMSEA = 0.087　※係数は標準化解，誤差変数は省略，パスは5%水準で有意

(出所) 筆者作成。

128

朝野他（2005）によると，GFI，AGFI，CFI が 0.9 または 0.95 より大きい場合，RMR と RMSEA が 0.1 または 0.05 より小さい場合，当てはまりのよいモデルと判断される。このモデルについて，GFI と AGFI は望ましい水準に達していないが，CFI は 0.9 以上，RMR と RMSEA は 0.1 未満であり，一定の適合度を示したと見なしうる。

　それでは，図表 10-9 のモデルを考察していく。第 1 に，「円滑な見学」を望む来訪者ニーズが存在する。具体的には，オープンファクトリーに関する情報収集や予約の容易性（No.1,2），製品の理解や親近感醸成（No.7,11），近隣地域のオープンファクトリー訪問の要望（No.5）等を望むニーズが挙げられる。この「円滑な見学」から「満足度」（係数 0.887）と「再訪意向（リピート）」（同 0.245）に対して，それぞれ正のパスが引かれる結果となった。係数の値も比較的大きいため，オープンファクトリーは「円滑な見学」に対する利用者ニーズを満たす必要性が高い。

　第 2 に，「多様なサービス」を望む来訪者ニーズが存在する。具体的には，一方で，現在のオープンファクトリーの充実，すなわち体験・参加型プログラムの要望（No.9），充実した内容への支払意欲（No.10），製品の購入や継続的購入（No.12,13）等を望むニーズが挙げられる。他方で，現在のオープンファクトリーに存在しない新たな要素の追加，すなわち，飲食や宿泊施設充実の要望（No.15,16），来訪者またはオープンファクトリー主催者によるイベント開催の要望（No.14,18），のんびりできる空間づくり（No.17）等を望むニーズが挙げられる。この「多様なサービス」から「満足度」（係数 -0.041）に対して負のパスが，「再訪意向（リピート）」（同 0.673）に対して正のパスが，それぞれ引かれる結果となった。前者の背景として，彼らは既にオープンファクトリーに対する一定の満足を得ているため，現状を上回る大きな満足度向上は見られないものと考えられる。係数は，わずかに負の値を示す結果となった。また後者に関しては，オープンファクトリーは新たな要素（プラスアルファのニーズ）を満たすことで，来訪者の再訪意向（リピート）を促進できると考えられる。

　第 3 に，「客層の明確化」を望む来訪者ニーズが存在する。具体的には，ター

ゲット客層の明確化（No.3）や周遊観光モデルコースの要望（No.4）を望むニーズが挙げられる。この「客層の明確化」から「満足度」（係数 -0.234）と「再訪意向（リピート）」（同 -0.277）に対して，それぞれ負のパスが引かれる結果となった。この背景として，1つのオープンファクトリーのみで「ターゲット客層の明確化」という"尖った"または"ニッチな"ニーズに応えようとしても，当該オープンファクトリーに対する「満足度」と「再訪（リピート）意欲」を高めることは難しいということが考えられる。

　第4に，満足度から再訪意向（リピート）（係数 0.129）に対して，正のパスが引かれる結果となった。これは，満足度の向上は再訪意向（リピート）に繋がるということであり，妥当な結果であろう。

3. オープンファクトリーの改善提案

(1) 提案：「多様なサービス」への対応

　これまでの分析結果に基づき，来訪者の観点からのオープンファクトリー改善方策を提案したい。それは，「多様なサービス」への対応強化である。なぜなら，現在，「多様なサービス」に関する取り組みが不足していると考えられるためである。来訪者は，現在のオープンファクトリーに存在しない新たな要素を望む傾向にある。すなわち，①充実した体験・参加型プログラムへの支出，②製品の継続的購入，③飲食・宿泊施設の充実，④オープンファクトリー主催者または来訪者自身によるイベント開催等を望んでいることが分かる。これらの要望に応えることで，彼らのオープンファクトリーに対する再訪意向（リピート）の促進が可能となる。

　①充実した体験・参加型プログラムへの支出については，質の高い有料ガイドツアーの実施が考えられる。無料のボランティアガイドではなく，テーマパークのツアーのように高額でも満足度の高いツアーとして，来訪者の知的欲求を満たす。

　②製品の継続的購入については，オープンファクトリー当日だけでなく，来

訪者が帰宅後にネット通販でお気に入りの製品を継続的に購入できる体制を構築する。これにより，産地と消費者との繋がりを継続していく。

③飲食・宿泊施設の充実については，オープンファクトリーの期間限定という性格上やむをえない面があるが，屋台やキッチンカーにとどまらず，質と量ともに満足度の高い施設を提供する必要性を指摘できる。現在，RENEW（福井県）では，年1回のイベントにとどまらず，滞在型観光を推進すべく，2024年の宿泊施設開業を目指す動きがある。これは，先進的事例と位置づけられよう。[4]

④オープンファクトリー主催者または来訪者自身によるイベント開催等については，現時点で着手されていないため，積極的に検討すべきである。那須野（2021a）によると，産業観光の先進地ドイツのツォルフェライン炭鉱（世界遺産）では，公園，博物館，レストラン等の来訪者がのんびりできる空間が提供されているほか，工場内プール・スケートリンクをはじめ年間500以上のイベントが開催されている。また，オープンファクトリー来訪者による会議やイベントの開催も可能となっている。これらは，オープンファクトリーの可能性を広げる取り組みとして，検討・実施の必要性が高い。

このほか，「円滑な見学」への対応については，「満足度」と「再訪意向（リピート）」の向上に資するが，既に各地のオープンファクトリーで取り組みが行われているため，また「客層の明確化」への対応については，「満足度」と「再訪意向（リピート）」に正の影響を及ぼさないため，それぞれ本研究での言及を見送ることとする。

4. 検討とまとめ

第10章では，地域一体型オープンファクトリーについて，来訪者のニーズを明らかにしてきた。関西地域16か所の来訪者アンケート調査結果300人分について，探索的因子分析と構造方程式モデリングで分析を行ったところ，3つの潜在変数「多様なサービス」「円滑な見学」「客層の明確化」が明らかとなっ

た。このうち，現時点で取り組みが不足している「多様なサービス」への対応強化，具体的には，来訪者の①充実した体験・参加型プログラムへの支出，②製品の継続的購入，③飲食・宿泊施設の充実，④各種イベント開催等の要望に応えることで，「再訪意向（リピート）」（観測変数）向上が可能となる（標準化解の係数0.673）。

最後に，今後の課題を2点述べたい。1点目は，オープンファクトリー改善提案の実施方策の検討である。上述の①～④について，実施主体と具体的な実施方法，その際の予算やスケジュール等を明らかにしていきたい。2点目は，定性的観点の把握である。本研究では，定量的手法に基づき，オープンファクトリーの来訪者ニーズを明らかにした。今後，インタビュー調査や現地調査等の定性的手法を盛り込んで，分析結果の精度を高めたい。

注
1) 産業観光の意義として，岡村他 (2016) は，「企業」と「地域」の2つの観点に加え，「住工共生」を挙げている。これは，工場と近隣住民との融和（住工交流）を意味する。
2) 来訪者アンケート調査の対象者について，当初，直近3年間 (2020～22年度) におけるオープンファクトリー来訪経験者を想定していた。しかしこの場合，2022年度は特に問題ないが，「2020～21年度はコロナ禍で観光客数が大幅に減少しているため，充分なサンプル数の収集は難しい」という懸念があった。そこで，今回のWebアンケート調査では，コロナ前の2年間 (2018～19年度) を加え，サンプル収集期間を直近5年間 (2018～22年度) としている。このため，一部サンプルに「4～5年前の回想に基づくデータ」を含んでいる。
3) 第10章では，日本の産業観光における課題解決策 (4つの命題) から抽出した18項目（変数）を用いて因子を推定するという問題意識のもと，18項目（変数）を採用して因子分析を行っている。しかし，「2つの因子に同程度の負荷量を示している項目 (No.12)」等の除外により，因子1への偏りを改善した上でより明確な分析結果を期待できるといった改善の可能性が残されている。また，一部の質問項目に二重質問 (例えば，「オープンファクトリーの内容やコンセプトについて，理解を深めることができた」) の可能性を否定できない等，一層の正確性向上を図る余地がある。これら質問項目とこれに基づく因子分析のより一層の精緻化に関しては，筆者の今後の課題としたい。
4) 『日本経済新聞』2022年10月4日付「地場の7産業は観光の力 越前鯖江，RENEWの7年」。

終章

結　　論

1. 本書のまとめ

　本書では，ドイツの産業観光をモデルケースと位置づけ，日本の産業観光活性化方策を明らかにした。日本の産業観光に関する先行研究は，産業観光の意義に関する考察が中心であり，その課題への言及が不足している。また，定性研究が中心で，定量研究の観点が不足している。この点，本書の貢献は，①日本の産業観光に関する4つの課題を抽出した上で，②その課題解決策（4つの命題）をドイツの産業観光を通じて明らかにした点にある。さらに，③課題解決策（4つの命題）を日本の産業観光に適用して，その妥当性の検討を試みた点にある。

　本書における一連の分析を通じて，筆者は，日本の産業観光の課題解決策（4つの命題）を次の通り明らかにした。まず，「命題①：基礎的データを考慮したマーケティング」である。産業観光に取り組む日本の多くの地域では，観光客数や経済効果等の基礎的データを把握できていない。企業経営でいえば，企業が自社の顧客数や売上を把握できておらず，それがゆえにターゲット客層すら明らかになっていない状況にある。そこで，産業観光の実施に当たっては，観光客数，消費額，経済効果等を明らかにした上で，STP重視のマーケティングを展開する必要性が高い。

　次に，「命題②：多様な組織による持続可能なマネジメント」である。産業観光に取り組む日本の多くの地域では，自治体や商工会議所が紹介冊子等を出版するにとどまっている。各地で相次いで誕生している観光地経営組織DMOの積極的な関与も，あまり見られない。企業経営でいえば，自社グループの目

指す目標，それに向けたスケジュール，必要な予算や人員等が明らかにされず，個々の企業がバラバラに活動している状況にある。そこで，産業観光の実施に当たっては，商工会議所，自治体，各施設の役割分担を明らかにした上で，必要な組織・人材・財源を公的支援により措置する必要がある。

そして，「命題③：小売部門と連携したマーケティング」である。日本の産業観光は，いわば「本業のオマケ」と位置づけられることが多い。このため，「産業観光自体で稼ぐ」「産業観光を自社製品やサービスの販売戦略に明確に結び付ける」といった発想は乏しい。産業観光推進会議（2014）によると，産業観光施設の7割は無料，ガイドの9割以上が無料とされている。企業経営でいえば，企業が顧客に充分な製品やサービスを提供しているにも関わらず，赤字覚悟で適正な対価を徴収しない状況にある。そこで，企業は，自社製品やサービスの「小売は小売」「産業観光は産業観光」と別に捉えるのではなく，「稼ぐ」という観点から，両者を一体として考えることが求められる。

さらに，「命題④：産業観光を軸とした地域の魅力向上」である。産業観光に取り組む日本の多くの地域では，観光客にトータルのサービスを提供できていない。すなわち，供給側（企業，自治体，商工会議所等）は産業観光に注力するあまり，産業観光と他の観光資源や飲食・宿泊施設との連携にまで思いが至っていない。しかし，「食事」と「観光産業」（宿泊や土産物等）は，観光客が本源的に求める要素である。企業経営でいえば，企業が自社の本業のみに固執し，関連事業で稼げる利益を取りこぼしている状況にある。また，顧客の総合満足度を高められない状況にある。そこで，産業観光の実施に当たっては，産業観光そのものにとどまらず，他の観光資源や飲食・宿泊等を含む観光客の求める需要を全て満たす必要性が高い。

コロナ後（2023年度以降），世界の観光はコロナ前（2019年度以前）と同様またはこれ以上に，成長産業として再び注目されつつある。日本においても，2023年，コロナ後を見据えた新たな観光立国推進基本計画が提示された。こうした中，ニューツーリズムの一形態と位置づけられる産業観光は，コロナ後における着地型観光の有力な一形態と考えられる。日本の産業観光は，上述の

課題解決策（4つの命題）の実践を通じて，そのあり方を大きく改善できよう。簡潔に言えば，日本の産業観光は，「稼ぐ」視点，ビジネスの視点を取り入れることで，観光客（量）と観光消費額（質）の増加に貢献するとともに，観光客，企業，地域の3者にとって意義深い観光の形態であり続けるに違いない。このために，今後，上述の課題解決策（4つの命題）の具体的な実践方法を考えねばならない。

2. 今後の課題

　最後に，本書における今後の課題を2つ挙げたい。

　第1に，理論的枠組みへの言及である。これまで，筆者は2つの競争的研究費[1]に基づき，産業観光の研究を進めてきた。これらの研究成果を取りまとめるかたちで，本書を執筆している。このため，本書では，理論的枠組みへの言及が不足していることを否定できない。今後，機会を改めて，マーケティング，マネジメント，官民連携等に関する理論的枠組みをしっかり掘り下げることとしたい。

　第2に，産業観光の課題解決策（4つの命題）の具体的な実践方法である。そもそも観光は，関係主体が多いという特徴を持ち合わせている。企業経営における主体は基本的に「企業」と「消費者（家計）」の2者だが，観光における主体は「旅行会社」「交通事業者」「娯楽施設」「飲食・宿泊企業」「自治体」「観光客」等，多岐にわたる。近年，観光地経営組織DMOが相次いで誕生しているが，明確な目標に基づくマーケティングやマネジメントを実施できているとは言い難い。こうした中，本書で明らかにした産業観光の課題解決策（4つの命題）の具体的な実践方法，すなわちどの主体がどのように手掛けていくのか，スケジュールや予算をどうするのか，等について，考えていかねばならない。

注
1) すなわち筆者は，(1)（公財）富山第一銀行奨学財団「研究活動に関する助成金」「富山

県の産業観光活性化方策の提案」(研究代表者, 2019 年度), ⑵(独)日本学術振興会科学研究費助成事業 若手研究「産業観光活性化方策の提案—ドイツにおける官民連携の事例分析から—」(研究代表者, 2021～23 年度, 若手研究, 課題番号 21K17979), の2 つの競争的研究費を活用しながら, 産業観光に関する一連の調査研究を進めてきた。

富山県の観光土産品と地域創生
（消費者購買調査の多変量解析による分析）

　補論では，消費者の富山県の観光土産品に対する需要を明らかにする。

　一般的に，観光土産品は，食品，民芸品，工芸品など多岐にわたる。このため，観光土産品の開発・販売は，地域への経済波及効果が大きいといわれている。現在，富山県は2022年策定の「第3次富山県観光振興戦略プラン（令和4年度～8年度)」に基づき，各種観光政策を推進している。しかし，これらの取り組みにおいて，消費者ニーズを踏まえた観光土産品の開発・販売を充分に実施できていない。例えば，2022年度，同プランにおいて，観光土産品の関連事業は2つにとどまり，予算額も計1,275万円と必ずしも大きくない（詳しくは後述)。

　こうした富山県の観光土産品に関する課題を解決すべく，2019年4月1日（月)，筆者は消費者購買調査 (51人) を行い，その回答について多変量解析 (主成分分析・クラスター分析) を試みる。ここから，消費者の富山県の観光土産品に対する需要を明らかにしていく。

　補論の構成は，次の通りである。まず1. で，観光土産品と地域創生の位置づけ，富山県における現状と課題をまとめておく。次に，2. では，観光土産品に関する先行研究を考察する。3. において，研究手法，すなわち消費者購買調査の概要を述べる。4. では多変量解析の一手法である主成分分析を，5. では同クラスター分析を，それぞれ行う。その上で，6. において，富山県の観光土産品の開発・販売に関する提言を導き出す。

1. 観光土産品と地域創生—富山県の現状と課題—

地域創生とは，山﨑（2018）によると，「人口減少・少子高齢化という条件下での豊かな地域の創生に向けた挑戦」である。特に地方では，企業や観光客の誘致，農林水産物や工業製品の輸出が，その重要課題とされている。補論では，この中で観光土産品の開発・販売促進に着目する。

国土交通省（2018）『旅行・消費動向調査』によると，国内観光消費額の旅行中支出における「土産・買物代」の総額は年間 2 兆 730 億円とされており，その金額は大きい[1]。これは，旅行中総支出 13 兆 8,619 億円の約 14.9％を占める。また，観光土産品は食品，民芸品，工芸品など多岐にわたるため，地域への経済波及効果は大きい。このため，観光政策や観光事業を考える上で，観光土産品は無視できない存在といえる。

富山県では，2022 年 3 月策定の「第 3 次富山県観光振興戦略プラン（令和 4 年度〜8 年度）」に基づき，観光客誘致を積極的に推進してきた。しかし，富山県は，消費者ニーズを踏まえた観光土産品の開発・販売を充分に実施できていない状況にある。「第 3 次富山県観光振興戦略プラン（令和 4 年度〜8 年度）」において，観光土産品の関連事業は「『富のおもちかえり』販路拡大・ブランド化事業」と「とやまのお土産新ブランド創出事業」のみで，例えば 2022 年度の予算額は前者 120 万円，後者 1,155 万円と必ずしも多くはない。また，「平成 26 年度観光土産品トレンド等調査・支援事業報告書（沖縄県実施）」の国内土産品ランキング 101 によると，富山県では唯一「ますのすし」が 41 位に入るのみである[2]。富山県の観光土産品は，全国的な知名度が低いと言わざるをえない。

これまで富山県では，2015 年 3 月の北陸新幹線開業に向けて，2010 年頃から，行政主導で観光土産品の開発・販売が進められてきた経緯がある。しかし，こうした取り組みは，必ずしも成果を上げていない。ここで，行政主導の観光土産品について，具体例を 2 つ挙げておく。

行政主導の観光土産品の 1 つ目として，2011 年 2 月に販売開始された「越

写真補-1　越中富山　幸の小分け

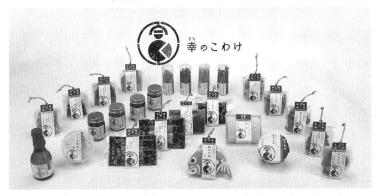

（出所）日本橋とやま館ウェブサイト。https://toyamakan.jp/items/pickup/kowake
（閲覧日：2023 年 9 月 18 日）

写真補-2　T5（ティーゴ）

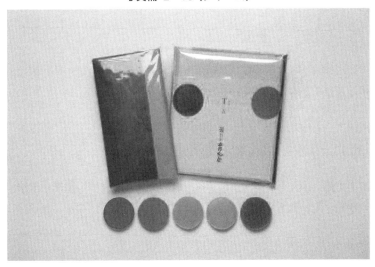

（出所）とやま観光ナビウェブサイト。https://www.info-toyama.com/product/80049/
（閲覧日：2023 年 9 月 18 日）

中富山　幸の小分け」が挙げられる（写真補-1）。これは，富山県の「越中富山
お土産プロジェクト事業」で開発された観光土産品である。富山県総合デザイ
ンセンターが県内企業を取りまとめて，しろえび姿干し，ほたるいか燻製，刺

身の昆布じめなど富山らしい 18 品が商品化された。開発コンセプトは，「小分けパッケージ・組み合わせで選べる・幸せを届けるおすそわけ」である。特徴は，①メーカー主導ではなく，消費者，特に女性の視点を取り入れた点，②富山県総合デザインセンターが統一的にコンセプト，デザイン，プロモーションを実施した点にあるとされる。しかし，「越中富山　幸の小分け」は取扱店舗が少なく³⁾，ほとんど知られていない。2019 年 4 月 1 日，筆者が 51 人に行った調査では，「越中富山　幸の小分け」を知っている人はわずか 7 人（約 13.7%）であった。

　行政主導の観光土産品の 2 つ目として，2013 年 9 月に販売開始された「T5」（ティーゴ）が挙げられる（写真補-2）。これは，富山県による「まちの逸品ブラッシュアップ事業⁴⁾」で開発された観光土産品である。1752 年創業の老舗和菓子屋の五郎丸屋が，県の支援を受けて開発・販売した。商品コンセプトは，「5 味 5 色の薄氷」である。しかし，「T5」は未だ消費者に幅広く浸透しているとは言い難い。

　そこで，補論では，消費者購買調査を通じて，消費者の富山県の観光土産品に対する需要を明らかにしていく。

2. 観光土産品に関する先行研究

　観光土産品に関する主な先行研究は，(1)観光土産品全般に関するもの，(2)富山県の観光土産品に関するもの，の 2 つに分けることができる。前者としては，大久保・溝口（2015），鈴木・須永（2016），辻本（2016），鈴木（2017）などが，後者としては，丸山（2008），角本（2017）などが，それぞれ最近の研究として挙げられる。ここでは，本研究の前提として，前者と後者の中から，それぞれ主な先行研究を 1 つずつ取り上げて考察したい。

　第 1 に，観光土産品全般に関する主な研究として，鈴木（2017）が挙げられる。彼は，これまでの先行研究を整理して，観光土産品に求められる 3 要件を明らかにした⁵⁾。観光土産品に求められる一般的・普遍的な要件を明らかにした点に，

彼の貢献がある。

　その要件の1つ目は，「真正性」である。これは，観光土産品が，地域の歴史や文化を反映している，地元の材料や伝統的な技術を使用しているなど，本物らしさや確からしさを備えていることを意味する。例えば，富山県高岡市の高岡銅器は，真正性を備えているといえる。高岡銅器は，1611年，加賀藩主前田利長による生産奨励に始まり，現在も全国の銅器の約95％が高岡市で生産されるなど，銅器は高岡市の地場産業として根づいている。このように，その場所に行かないと入手できない地域の特産品が，地元の材料を使って，昔と変わらない伝統技術で生産されていれば，この上なく真正な観光土産品といえる。

　要件の2つ目は，「贈答性」である。これは，観光土産品を見ると訪問した観光地が一目でわかる，日持ちする，知名度がある，個包装で大人数に配りやすいなど，ギフトとしての適性度合いを意味する。鈴木（2017）は，この要件は食品土産類に多く当てはまるとしている。例えば，北海道の「白い恋人」は，贈答性を備えているといえる。観光土産品を受け取る側は「白い恋人」を見れば北海道土産であることが一目で分かるほか，個包装で日持ちするため，職場などで大人数に配りやすい。このように，多くの食品土産類は，商品名などで観光地が一目で分かり，比較的日持ちする商品が多く，知名度があり，軽くて大人数に配りやすい，いわゆる「バラマキ土産」が多い。

　要件の3つ目は，「儀礼的倒錯性」である。これは，少し奇抜で不思議な商品など，ユニークさやいわゆるネタ性を意味する。例えば，多くの観光地で販売されるご当地キティは，儀礼的倒錯性を備えているといえる。ハロー・キティと各地の名所・旧跡がコラボしたキーホルダーやタオルなどの小物や菓子類は，どこか不思議に思えるが，ユニークさやネタ性を備えており，観光客の購買を誘いやすい。汗だくのキティが温度計を持った「日本一暑い埼玉」，キティが“名古屋めし”のエビフライに扮した「エビフライフォーク」など，まさに倒錯というべき奇妙なかたちでその地域性を示す商品が多い。鈴木（2017）は，儀礼的倒錯性の例として，東京タワーなどの建造物を模した金箔のミニチュア

模型，アメリカ・ラスベガスにおける「カジノで全財産すっちゃった」とプリントされたTシャツなどを挙げている。

　先行研究の第2に，富山県の観光土産品に関する主な研究として，角本(2017)が挙げられる。彼は，行政主導の観光土産品開発，具体的には先述の「越中富山　幸の小分け」と「T5」に関する関係者へのヒアリング調査を実施している。ここから，これら2つの観光土産品の開発・販売における共通点を明らかにした。

　それは，⑴デザインの重視，⑵ストーリー性の重視，⑶女性をターゲット，⑷開発メンバーに女性を起用，⑸新聞・雑誌などに多数登場，の5点である。角本(2017)は，これら行政主導の観光土産品の開発・販売を概ね肯定的に捉えている。しかし，これら行政主導の観光土産品が，消費者の需要を真に満たしているかどうかについて，踏み込んだ言及を行っていない。

3. 研究手法―消費者購買調査の実施―

　筆者は，消費者の富山県の観光土産品に対する需要を明らかにすべく，消費者購買調査を実施した。概要は，図表補-1の通りである。また，消費者購買調査の結果(分析に用いるデータ)は，図表補-2の通りである。

　補論では，図表補-2の消費者購買調査の結果(分析に用いるデータ)について，多変量解析の一手法である主成分分析とクラスター分析を適用して分析を行う。

図表補-1　消費者購買調査の概要

日　　時	2019年4月1日(月)
場　　所	北陸自動車道　有磯海SA(下り)及び小矢部川SA(上り)
方　　法	「アンケート調査票」を用いて，観光土産品の購買理由を調査
内　　容	観光土産品の購買理由など 　(図表補-5〜8の14項目のうち，該当するものをチェック 　【複数回答可】)
対　　象	51名
実施者	那須野ゼミ3名(富山高専国際ビジネス学科)

(出所) 筆者作成。

No.	地域性があるから（北陸らしさ）	有名だから（前から知っていた）	よく売れているようだから	美味しそうだから	品質や素材が安心できるから	価格が手頃だから	数量・分量がちょうどよいから	個包装だから	持ち運びやすいから	賞味期限が長いから	誰にでも喜んでもらえそうだから	デザインが良いから	珍しいから	以前,買ったことがあるから
1	1	0	0	1	0	0	1	1	0	0	0	0	1	0
2	1	1	0	0	0	0	0	0	0	0	0	0	0	0
3	0	0	0	1	0	0	0	0	0	0	0	0	0	0
4	0	0	0	1	0	0	1	0	0	0	0	0	0	0
5	1	1	1	0	1	0	0	0	0	0	1	0	0	0
6	0	0	0	1	0	0	0	0	0	0	0	0	0	0
7	0	0	0	1	0	1	0	0	0	0	0	1	0	0
8	0	0	0	0	0	0	0	0	0	0	0	1	0	0
9	0	0	0	1	0	1	1	0	0	0	0	0	1	0
10	0	0	1	1	0	1	1	1	1	0	0	0	0	0
11	0	0	0	1	0	0	0	0	0	0	0	0	0	0
12	1	0	0	1	0	0	0	0	0	1	0	0	0	0
13	0	0	0	1	0	0	0	0	0	0	0	0	0	0
14	1	1	0	1	1	0	0	0	0	0	0	0	1	1
15	0	0	0	0	0	0	0	0	0	0	0	1	0	0
16	1	0	0	1	0	0	1	0	0	0	0	0	1	0
17	1	1	0	1	0	0	0	0	0	0	0	0	0	0
18	1	1	0	1	0	1	0	0	0	0	0	0	0	0
19	1	1	0	0	0	0	0	0	0	0	1	0	0	0
20	0	0	0	1	0	0	0	0	0	0	0	0	0	1
21	1	0	0	0	0	1	0	0	0	0	0	0	0	0
22	1	1	0	1	0	0	0	0	0	0	0	0	0	0
23	1	0	0	1	0	0	1	0	0	0	0	0	0	0
24	0	0	0	1	0	0	0	0	0	0	1	0	0	1
25	1	1	0	1	0	0	0	0	0	0	0	0	0	1
26	0	0	0	1	0	0	0	0	0	0	0	0	0	1
27	1	0	0	0	0	0	0	0	0	0	0	0	0	0
28	1	0	0	0	0	0	0	0	0	0	0	0	0	0
29	1	0	0	0	0	0	0	0	0	0	0	0	0	0
30	0	0	0	1	0	1	0	0	0	0	1	0	0	1
31	1	0	0	1	0	1	0	0	0	0	0	0	0	0
32	0	0	0	0	0	0	0	0	0	0	0	0	0	0
33	0	0	0	1	1	0	0	0	0	1	0	0	0	0
34	0	0	0	0	0	0	1	0	0	0	0	0	0	0
35	1	0	0	0	0	0	0	0	0	1	0	0	0	0
36	0	0	0	0	0	0	0	0	0	0	0	0	0	1
37	0	0	1	0	0	0	0	0	0	0	0	0	0	0
38	1	0	0	0	0	0	0	0	1	1	0	0	0	0
39	1	0	0	1	0	1	0	0	0	0	0	0	0	0
40	0	0	0	1	0	0	0	0	0	0	0	0	0	0
41	0	1	0	1	0	0	0	0	0	0	0	0	0	0
42	1	0	0	0	0	1	0	0	0	0	0	0	0	0
43	0	0	0	1	0	1	1	0	0	0	0	0	0	0
44	0	0	0	0	0	0	0	0	0	0	0	1	0	0
45	1	0	0	0	0	0	0	0	0	0	0	0	0	1
46	1	0	0	1	0	0	1	1	0	0	0	1	0	0
47	1	1	0	1	0	1	0	0	0	0	0	0	0	0
48	1	0	0	1	0	0	0	0	0	0	0	0	0	0
49	0	0	1	0	0	0	0	0	0	0	0	0	0	0
50	1	0	0	0	0	1	1	1	1	0	1	0	0	1
51	1	0	0	1	0	0	0	0	0	0	0	0	0	0

※ No.1 は 1 人目，No.2 は 2 人目を，それぞれ表している（No.3 以降も同様）。

※観光土産品の購入理由について，該当すると回答した項目を「1」で，該当しないと回答した項目を「0」で，それぞれ表している。

（出所）消費者購買調査の結果に基づき，筆者作成。

2. で取り上げた観光土産品に関する先行研究は，全て定性的手法で分析が行われている。確かに，大久保・溝口（2015）や丸山（2008）では，100件以上のアンケート集計等を行っている。しかし，何らかの定量的手法を用いた分析は行われていない。

そこで筆者は，定量的手法，具体的には多変量解析を用いることにより，消費者の富山県の観光土産品に対する需要を明らかにしていく。多変量解析の目的は，変数が多数存在して煩雑な場合に，それらを2〜3の新しい変数にまとめ上げ，その新しい変数を用いて標本を分類・解釈することにある。ここでは，まず，主成分分析により，多数の変数（観光土産品を選んだ理由）から，標本の性質を説明可能な新しい少数の変数（主成分）を合成する。次に，クラスター分析により，消費者を似たものどうしでクラスター（グループ）にまとめる。こうした取り組みは，観光土産品の研究分野における新規性と考えられる。

4. 分析①：主成分分析

4. では，3. で抽出した分析データ（図表補-2）について，主成分分析を行う。まず主成分分析の概要を説明した後，次に実際の分析を行う。[6]

(1) 主成分分析の概要

主成分分析は，多変量解析の一手法に位置づけられる。多変量解析とは，複数の変数を同時に扱う分析手法の総称である。主成分分析の目的は，多数の変数から少数の変数を得ることにある。言い換えると，標本が持つ情報を要約する探索型分析手法ということができる。データの持つ情報を失わずに，新しい変数を合成可能となる。例えば，「観光土産品を選んだ理由」として，地域性，知名度，価格，分量，デザイン，美味しさなど様々な観測変数が存在するところ，これらを主成分1，主成分2，というかたちで少数の変数に合成することを試みる分析手法といえる。

図表補-3に，「2つの観測変数」から「1つの主成分」を抽出する際の概念

図表補-3 「2つの観測変数」から「1つの主成分」を抽出する際の概念図

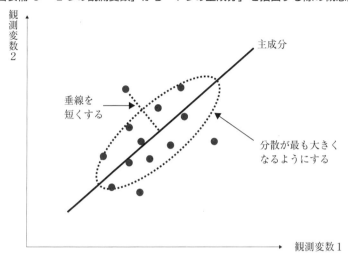

（出所）栗原（2017）p.236 に基づき，筆者作成。

図を示す。ここでは，縦軸と横軸ともに観測変数が取られている。小さな●（マル）は標本の座標を表しており，左下から右上に伸びる直線は主成分を表す。各標本から主成分までの垂線が出来るだけ短くなるように，かつ各標本の分散が最も大きくなるように，主成分が取られることになる。

　このように，2つの観測変数から1つの主成分を抽出する際，データの持つ情報量，つまり主成分の分散（固有値）が最大となるところに直線を引く。この2つの変数の主成分への合成方法を数式で表すと，主成分を z，変数1を x_1，変数2を x_2 とすれば，次のようになる。

$$z = a_1x_1 + a_2x_2$$

この式において，z の分散が最も大きくなるような係数 a_1 と a_2 を求めるのが，主成分分析である。2つの観測変数に対するウエイトを表す係数は主成分負荷量と呼ばれ，観測変数と主成分の相関変数となる。

　ここでは，この主成分分析を用いて，消費者購買調査の結果（図表補-2）を分析していく。

(2) 主成分分析の内容と結果

　消費者購買調査の結果 (図表補-2) について，主成分分析を行ったところ，図

図表補-4　固有値と寄与率

	固有値	寄与率	累積寄与率			固有値	寄与率	累積寄与率
主成分1	2.388	17.06%	17.06%		主成分8	0.819	5.85%	82.38%
主成分2	1.694	12.10%	29.16%		主成分9	0.658	4.70%	87.08%
主成分3	1.613	11.52%	40.68%		主成分10	0.518	3.70%	90.78%
主成分4	1.516	10.83%	51.51%		主成分11	0.468	3.34%	94.13%
主成分5	1.315	9.39%	60.90%		主成分12	0.343	2.45%	96.58%
主成分6	1.210	8.64%	69.54%		主成分13	0.248	1.77%	98.36%
主成分7	0.979	6.99%	76.53%		主成分14	0.230	1.64%	100.00%

（出所）筆者作成。

図表補-5　主成分1「機能性」（数字は主成分負荷量）

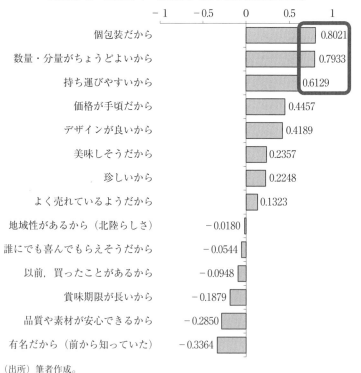

（出所）筆者作成。

表補-4 の結果となった。この結果から，固有値 1.5 以上の第 4 主成分までを分析対象とする。これにより，累積寄与率 50％以上を達成できる[7]。主成分 1 から 4 までの主成分負荷量は，図表補-5〜8 の通りとなった。

　これを踏まえ，各主成分の解釈（意味づけ）を行っていく。主成分 1（図表補-5）は，個包装，数量・分量のちょうどよさ，持ち運びやすさの主成分負荷量が大きい。これは，例えば白えび煎餅や甘金丹などの菓子類に多く見られるように，菓子 1 つ 1 つが個包装になっている，8 枚入りや 10 個入りといった数量がちょうどよい，箱がコンパクトで持ち運びやすい，ということを意味する。このことから，主成分 1 を「機能性」と解釈する。

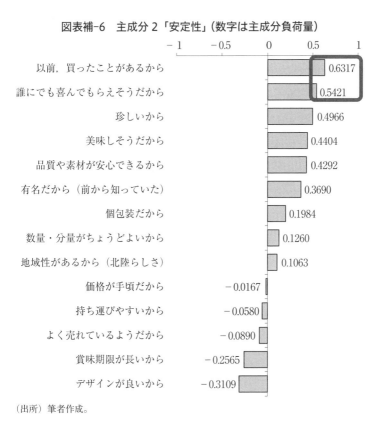

図表補-6　主成分 2 「安定性」（数字は主成分負荷量）

以前，買ったことがあるから	0.6317
誰にでも喜んでもらえそうだから	0.5421
珍しいから	0.4966
美味しそうだから	0.4404
品質や素材が安心できるから	0.4292
有名だから（前から知っていた）	0.3690
個包装だから	0.1984
数量・分量がちょうどよいから	0.1260
地域性があるから（北陸らしさ）	0.1063
価格が手頃だから	− 0.0167
持ち運びやすいから	− 0.0580
よく売れているようだから	− 0.0890
賞味期限が長いから	− 0.2565
デザインが良いから	− 0.3109

（出所）筆者作成。

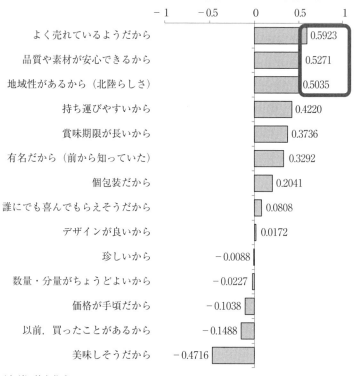

図表補-7　主成分3「売れ筋・品質」（数字は主成分負荷量）

よく売れているようだから	0.5923
品質や素材が安心できるから	0.5271
地域性があるから（北陸らしさ）	0.5035
持ち運びやすいから	0.4220
賞味期限が長いから	0.3736
有名だから（前から知っていた）	0.3292
個包装だから	0.2041
誰にでも喜んでもらえそうだから	0.0808
デザインが良いから	0.0172
珍しいから	− 0.0088
数量・分量がちょうどよいから	− 0.0227
価格が手頃だから	− 0.1038
以前，買ったことがあるから	− 0.1488
美味しそうだから	− 0.4716

（出所）筆者作成。

　主成分2（図表補-6）は，過去の購買経験，誰にでも喜んでもらえそうなどの主成分負荷量が大きい。これは，例えば，かまぼこや炙りぶり寿司などの海産物に多く見られるように，以前購入したことがあるため安心して購入できる，富山県の海産物なら贈答先に喜んでもらえそう，ということを意味する。このことから，主成分2を「安定性」と解釈する。

　主成分3（図表補-7）は，売れ筋，品質・素材，地域性などの主成分負荷量が大きい。これは，例えば，ますのすしや白えび煎餅など，当該店舗での売れ筋商品だから，土産品の品質や素材を信頼できる，富山らしさや北陸らしさが分かりやすい，ということを意味する。このことから，主成分3は「売れ筋・品

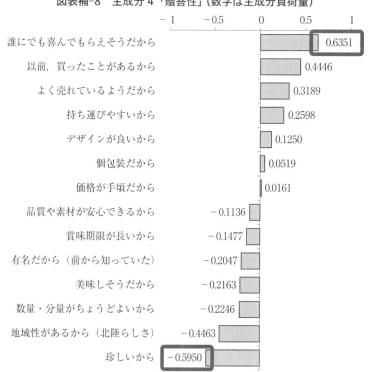

図表補-8　主成分4「贈答性」（数字は主成分負荷量）

誰にでも喜んでもらえそうだから	0.6351
以前，買ったことがあるから	0.4446
よく売れているようだから	0.3189
持ち運びやすいから	0.2598
デザインが良いから	0.1250
個包装だから	0.0519
価格が手頃だから	0.0161
品質や素材が安心できるから	− 0.1136
賞味期限が長いから	− 0.1477
有名だから（前から知っていた）	− 0.2047
美味しそうだから	− 0.2163
数量・分量がちょうどよいから	− 0.2246
地域性があるから（北陸らしさ）	− 0.4463
珍しいから	− 0.5950

（出所）筆者作成。

質」とする。

主成分4（図表補-8）は，誰にでも喜んでもらえそうの主成分負荷量が大きい。一方，珍しいからの主成分負荷量がマイナス方向に大きい。これは，例えば，かまぼこやますのすしに見られるように，消費者が観光土産品に対して，物珍しさではなく富山県の海産物なら贈答先に喜んでもらえそう，と考えていることを意味する。このことから，主成分4は「贈答性」とする。

また，主成分分析の結果，得られた主成分得点は，図表補-9の通りとなった。ここで主成分得点とは，主成分に各個体の実際のデータを代入して求めた数値のことをいう。データが各主成分の軸上で取る値を意味する。主成分得点は，

図表補-9　主成分得点

No.	主成分1 機能性	主成分2 安定性	主成分3 売れ筋・品質	主成分4 贈答性	No.	主成分1 機能性	主成分2 安定性	主成分3 売れ筋・品質	主成分4 贈答性
1	3.1286	1.8819	0.1147	− 2.7013	26	− 0.6907	0.7806	− 1.5019	1.0218
2	− 1.4178	− 0.3210	1.0179	− 0.6831	27	− 0.8749	− 1.0280	0.3714	− 0.2685
3	− 0.5314	− 0.4798	− 1.1976	0.0839	28	− 0.8749	− 1.0280	0.3714	− 0.2685
4	0.7044	− 0.2468	− 1.2407	− 0.3552	29	− 0.5545	− 0.3174	− 0.4087	− 0.6375
5	− 1.9797	2.0130	4.6655	1.3670	30	− 0.1653	1.9510	− 1.4964	2.5345
6	− 0.5314	− 0.4798	− 1.1976	0.0839	31	0.0722	− 0.3453	− 0.5863	− 0.6091
7	0.9284	− 1.2417	− 1.3337	0.4244	32	0.3840	− 0.9575	− 0.4606	0.0138
8	− 0.0188	− 1.9244	− 0.3760	0.7650	33	− 1.7554	0.1818	1.6325	− 0.7459
9	1.8669	1.1303	− 1.4438	− 2.1067	34	− 0.2251	− 1.2184	− 0.5952	0.4813
10	5.8520	− 0.8632	2.1569	1.8715	35	− 1.3229	− 1.7539	1.4549	− 0.7102
11	− 0.5314	− 0.4798	− 1.1976	0.0839	36	− 1.0111	0.07	− 0.7218	1.3908
12	− 1.0025	− 1.0432	0.6749	− 1.0792	37	− 0.5595	− 1.2798	2.0893	0.6854
13	− 0.5314	− 0.4798	− 1.1976	0.0839	38	0.1379	− 1.9179	2.6788	0.0669
14	− 1.4970	4.4426	1.6547	− 2.2822	39	0.0722	− 0.3453	− 0.5863	− 0.6091
15	− 0.0188	− 1.9244	− 0.3760	0.7650	40	− 0.5545	− 0.3174	− 0.4087	− 0.6375
16	1.2170	1.3207	− 0.4772	− 2.8565	41	− 1.0743	0.2272	− 0.5511	− 0.3308
17	0.3624	− 0.3722	0.1018	− 0.7116	42	− 0.2482	− 1.0560	0.1937	− 0.2401
18	− 0.4707	0.3617	0.0602	− 1.0237	43	1.3312	− 0.2748	− 1.4183	− 0.3268
19	− 1.5191	0.8773	1.2011	0.8012	44	− 0.6327	0.7185	− 1.0144	1.5681
20	− 0.7920	1.9789	− 1.3187	2.5061	45	− 1.0342	0.2324	0.0671	0.6694
21	0.0722	− 0.3453	− 0.5863	− 0.6091	46	3.4260	− 0.2571	0.1818	− 0.6093
22	− 1.0974	0.3896	0.2379	− 1.0521	47	− 0.4707	0.3617	0.0602	− 1.0237
23	0.6813	− 0.0844	− 0.4517	− 1.0766	48	− 0.5314	− 0.4798	− 1.1976	0.0839
24	− 0.7920	1.9789	− 1.3187	2.5061	49	− 0.5364	− 1.4422	1.3003	1.4067
25	− 1.2567	1.6501	− 0.0664	− 0.1142	50	4.4198	2.7436	1.0654	2.3063
					51	2.4484	− 0.9870	1.3746	0.0980

（出所）筆者作成。

複数の変数を合成した値であり，この値の大小から，各個体の主成分における
傾向を把握することができる。

5. 分析②：クラスター分析

5. では，4. で抽出した主成分得点（図表補-9）について，クラスター分析

を行う。まずクラスター分析の概要を説明した後，次に実際の分析を行う[8]。

(1) クラスター分析の概要

　クラスター分析は，多変量解析の一手法に位置づけられる。クラスター分析の目的は，分析対象の個体を似たものどうしでまとめて，任意の数のグループ（クラスター）に分類することにある。クラスター分析は，結果の解釈のしやすさから，経済学などの分野で頻繁に用いられている。クラスター分析の種類は，クラスターの作り方によって階層型と非階層型に，また分類の対象によって個体分類と変数分類に分けることができる。このうち，ここでは，一般的な階層型個体分類を行うこととする。

　図表補-10 に，階層型におけるクラスターの作り方の概念図を示す。ここでは，縦軸と横軸ともに観測変数が取られている。小さな●（マル）は個々の分類対象を表している。

　まず第1階層では，個々の分類対象を1つのクラスターと捉える。ここで，クラスター数は，分析対象の個体（または変数）の数となる。次に第2階層で，似た個体（または変数）どうしを7つのクラスターに分類していく。さらに第3階層で，似た個体（または変数）どうしを3つのクラスターに分類する。

　また，クラスター分析の特徴として，最終的に樹形図を得られるため，分析

図表補-10　階層型におけるクラスターの作り方

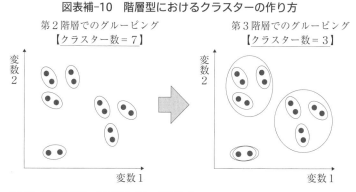

第2階層でのグルーピング
【クラスター数＝7】

第3階層でのグルーピング
【クラスター数＝3】

（出所）栗原（2017）p.259 に基づき，筆者作成。

結果を視覚的に解釈可能という点が挙げられる。ここでは，このクラスター分析を用いて，4. で抽出した主成分得点（図表補-9）を分析していく。

(2) クラスター分析の内容と結果

　4. で抽出した主成分得点（図表補-9）についてクラスター分析を行ったところ，クラスター別個体分類は図表補-11 の通りとなった。すなわち，クラスター1 には 7 個体（7 人）が，クラスター2 には 33 個体（33 人）が，そしてクラスター3 には 11 個体（11 人）が，それぞれ分類される結果となった。そして，図表補-12 に示す樹形図が得られた。また，クラスター別の規模・平均値は，図表補

図表補-11　クラスター別個体分類

	規模	個体
クラスター1	7	1,9,10,16,46,50,51
クラスター2	33	2,3,4,6,7,8,11,12,13,15,17,18,21,22,23,27,28,29,31,32,33,34,35,37,38,39,40,41,42,43,47,48,49
クラスター3	11	5,14,19,20,24,25,26,30,36,44,45

（出所）栗原（2017）p.259 に基づき，筆者作成。

図表補-12　樹形図

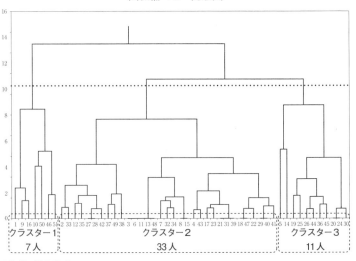

（出所）筆者作成。

	規模	主成分1 機能性	主成分2 安定性	主成分3 売れ筋・品質	主成分4 贈答性
クラスター1	7	3.194	0.710	0.425	−0.571
クラスター2	33	−0.333	−0.656	−0.095	−0.242
クラスター3	11	−1.034	1.518	0.014	1.088

（出所）筆者作成。

-13 の通りとなった。

　ここでは，図表補-13 に基づき，各クラスターの特徴を分析していく。まず
クラスター1の7人は，主成分1「機能性」の値がプラス方向に非常に大きい。
アンケート調査票の回答内容を見ると，7人中7人が適量を，同4人が個包装を，
それぞれ重視していることが分かった。また，回答者全51人の観光土産品購
入平均金額は約 2,800 円のところ [9]，クラスター1の7人の同金額は約 2,300 円
と約 500 円安い結果であった。これらから，クラスター1の7人は，個包装，
適量（適当な数量），持ち運びやすい土産品を，安価に購入したい「機能性」重
視の消費者といえる。

　次に最大のクラスター2の 33 人は，いずれの主成分にも片寄らない結果と
なった。ここから，クラスター2の 33 人は，平均的な土産品を購入したい
「トータルバランス」重視の消費者と見なすことができる。アンケート調査票
の回答内容を見ると，回答者全 51 人中，旅行目的を「仕事」と回答する人の
割合は約 33％（17 人）のところ，クラスター2の 33 人の同割合は約 40％（13
人）[10] とやや多い結果であった。また，回答者全 51 人中，「サービスエリアに立
ち寄った目的」を「観光土産品購入」と回答する人の割合は約 56％（29 人）の
ところ，クラスター2の 33 人の同割合は約 64％（21 人）[11] とやや多い結果であっ
た。これらから，クラスター2の 33 人は，ビジネス客の比率が比較的高い，
そして観光土産品を積極的に購入する意欲が高い，という特徴を持ち合わせて
いるといえる。

　そしてクラスター3の 11 人は，主成分2「安定性」と主成分4「贈答性」の
値がプラス方向に，主成分1「機能性」の値がマイナス方向にそれぞれ大きい

結果となった。アンケート調査票の回答内容を見ると，11人中10人が海産物関係の観光土産品[12]を購入していること，同9人が富山県外からの来訪者であること，が分かった。これらから，クラスター3の11人は，主に富山県外からの来訪者ということが分かる。そして彼らは，富山県の観光土産品イコール海産物という認識を持っており，過去の購買経験や贈答先を意識する「安定性・贈答性」重視の消費者と解釈できる。

6. 検討とまとめ

6. では，5. で行ったクラスター分析の結果を踏まえ，消費者の富山県の観光土産品に対する需要を明らかにする。その上で，補論の課題を述べて，まとめとしたい。

5. で行ったクラスター分析の結果，次の3点が明らかとなった。つまり，⑴ 最大のクラスター2（33人）は，平均的な土産品を購入したい「トータルバランス」重視の消費者，⑵ 次に大きなクラスター3（11人）は，過去の購買経験や贈答先を意識する「安定性・贈答性」重視の消費者，⑶ 3番目のクラスター1（7人）は，個包装で適当な数量の土産品を購入したい「機能性」重視の消費者，という結果であった。

筆者がクラスター2の33人から抽出した「トータルバランス」は，鈴木（2017）における観光土産品の3要件，すなわち真正性，贈答性，儀礼的倒錯性の全てに該当するといえる。そして筆者がクラスター3の11人から抽出した「安定性・贈答性」とクラスター1の7人から抽出した「機能性」は，鈴木（2017）における観光土産品の3要件のうち，贈答性に該当するということができる。なぜなら，観光土産品に安定性や機能性を求める消費者の多くは，観光土産品の他人への贈答を想定しているケースが多いと考えられるためである。

以上の分析から，次の2点が分かった。それは，富山県の観光土産品の開発・販売にあたっては，⑴ 鈴木（2017）における観光土産品の3要件，すなわち「真正性」「贈答性」「儀礼的倒錯性」の全てを意識すること，⑵ このうち

特に「贈答性」を重視する必要性が高いこと，の２点である。

　ここから，回答者の属性関連項目を２次データと照合しながら，富山県の観光土産品の開発・販売に関するより具体的な２つの提言を導き出していく。上述の１点目，３要件「真正性」「贈答性」「儀礼的倒錯性」全てを意識した観光土産品については，特に「首都圏からのビジネス客を対象とした菓子類の土産品を開発して，それを新幹線駅で販売する」必要性が高いといえる。なぜなら，最大のクラスター２（33 人）では旅行目的を「仕事」と回答した人の割合が約40％（13 人）と比較的高く，このうち約77％（10 人）は観光土産品として菓子類を購入しているためである。また，富山県は，旅行客に占めるビジネス客の割合が高いという特徴を持ち合わせている。[14] 特に2015 年の北陸新幹線開業以降，首都圏からの日帰りビジネス客が増加している。[15] 彼らは，富山県内では，原則として新幹線駅を起点として用務先を訪問するのみで，観光地へ立ち寄らない。このため，ビジネス客向けの観光土産品を，新幹線駅（富山・黒部宇奈月温泉・新高岡の各駅）で販売する必要性が高い。

　上述の２点目，「贈答性」については，主に「富山県外からの観光客を対象とした菓子類と海産物関係の土産品を開発して，それを新幹線駅や高速道路SA，観光地などで販売する」ことが有効である。その理由を，以下に述べていく。まず，クラスター１（7 人）とクラスター２（11 人）の合計18 人中，富山県外の客は約72％（13 人）と大部分を占める。次に，この18 人中，旅行目的を「観光」と回答した人の割合約39％（7 人）[16] は他の項目と比べて多く，観光客を主な顧客とすべきことが分かる。そして，クラスター１では7 人全員が菓子類を，クラスター２では約61％（8 人）が海産物を購入している。このうち菓子類については，先述の分析結果から，個包装，適量（適当な数量），持ち運びやすく安価なものが求められている。また，海産物関係については，ほたるいか，ぶり，かまぼこなど富山県を代表するものが求められているといえる。これらの観光土産品を，観光客が立ち寄る新幹線駅や高速道路 SA などの交通結節点，そして立山黒部アルペンルート（立山町），世界遺産五箇山（南砺市），海王丸パーク（射水市）などの観光地で幅広く販売することが有効と考えられる。

以上に述べた2つの提言，すなわち，第1に「首都圏からのビジネス客を対象とした菓子類の土産品を開発して，それを新幹線駅で販売する」こと，第2に「富山県外からの観光客を対象とした菓子類と海産物関係の土産品を開発して，それを新幹線駅や高速道路 SA，観光地などで販売する」こと，の実践により，観光土産品の開発・販売を通じた地域創生の実現が可能となるであろう。

最後に，今後の課題を3点述べておきたい。それは第1に，サンプル数が51人と少ない点である。このため，母集団に対する代表性と分析の精度が充分に確保されていない可能性が残されている。今後，出来れば100人以上のサンプルを用いて，統計分析の精度を高めていきたい。今回，那須野ゼミ3人で朝から夕方まで丸一日アンケート調査を行ったが，回答数は51人にとどまった。街頭アンケート調査の困難さを痛感した次第である。次回以降，街頭アンケート調査の実施方法を再検討したい。

課題の第2は，街頭調査という接近性のみを重視したサンプリングを行った点である。今回，高速道路のサービスエリアにおいて，観光土産品を購入した消費者を対象に街頭アンケート調査を行った。しかし，これを新幹線駅で行えば，ビジネス客の観光土産品に対する需要を正確に把握できた可能性がある。また，観光土産品を購入しなかった人を対象に調査を行えば，より厳しい意見を汲み取れたかもしれない。このほか，富山県のアンテナショップ（日本橋店・有楽町店）で調査を行えば，首都圏における消費者ニーズの把握，富山県の観光土産品の他県との比較なども出来た可能性がある。

課題の第3は，具体的な観光土産品を提示できていない点である。今後，「首都圏からのビジネス客を対象とした菓子類の土産品」「富山県外からの観光客を対象とした菓子類と海産物関係の土産品」とは何なのか，具体的に検討する必要がある。[17]

注
1）なお，国土交通省（2018）によると，国内観光消費について，第1位は交通費約4兆2,880億円（約30.9%），第2位は宿泊費約2兆9,061億円（約20.9%），第3位は土産・買物代約2兆730億円（約14.9%），第4位は飲食費約1兆8,846億円（約13.5%），第5

位は参加費約1兆7,821億円（約12.8％），第6位は娯楽費約9,278億円（約6.6％）となっている。

2) なお，同調査・支援事業報告書において，1位は白い恋人（北海道），2位はカニ・イクラ（北海道），3位は八ツ橋・おたべ（京都府），第4位は東京バナナ（東京都）であった。

3) 「越中富山　幸の小分け」は，北陸新幹線の駅や車内，高速道路サービスエリアなどで販売されている。

4) 「まちの逸品ブラッシュアップ事業」は，女性をターゲットとした土産品開発を支援する富山県の事業である。ここで，「T5」は，応募総数100点以上の中から選定されて，県の支援を受けることとなった。

5) ここで，観光土産の3要件「真正性」「贈答性」「儀礼的倒錯性」は鈴木（2017）の定義だが，これら3要件に基づく具体例には筆者が考えたものが含まれる。

6) 栗原（2017）pp.230-243 参照。

7) 解釈する主成分の数の決め方（主成分をいくつ使用するか）について，一般的に，(1)固有値が1以上のものを採用する，(2)累積寄与率で50〜70％以上になるように第1主成分から順次取り上げる，(3)固有値が大きく減少する直前の主成分までを取り上げる，といった基準がある。内田（2013）pp.21-26 参照。

8) 栗原（2017）pp.252-266 参照。クラスター分析において，個体間の距離の測定方法には，ユークリッド距離，コサイン距離，Peason の相関，Chebychev など複数の方法があるが，本研究では，一般的なユークリッド距離を採用する。またクラスター間の距離の測定方法には，Ward 法，グループ間平均連結法，最短距離法など複数の方法があるが，本研究では，一般的な Ward 法を採用する。なお，クラスターとは，ブドウやサクランボの「房」を意味する。

9) ここで，「観光土産品購入金額」について，観光土産品を複数購入した消費者は，その合計金額を計上している。例えば，観光土産品を5個計10,000円購入した消費者の「観光土産品購入金額」は，10,000円としている。「観光土産品購入平均金額」は，前述「観光土産品購入金額」の51人分の平均金額を意味する。

10) クラスター2（33人）の「旅行目的」は，仕事約40％（13人），観光約27％（9人），帰省約15％（5人），その他約18％（6人）であった。

11) クラスター2（33人）の「サービスエリアに立ち寄った目的」は，観光土産品購入約64％（21人），食事約12％（4人），トイレ約9％（3人），喫煙約6％（2人），休憩約6％（2人），その他約3％（1人）であった。

12) 海産物関係の観光土産品として，例えば，ほたるいか沖漬け，炙りぶり寿司，かまぼこ磯三昧などが挙げられる。

13) 菓子類の観光土産品として，例えば，白えび煎餅，甘金丹，クッキーなどが挙げられる。

14) 2019年の宿泊者の比率を見ると，富山県におけるビジネス客の比率は56％であり，これは隣県石川県における同41％と比べて高い数値となっている。国土交通省（2019）参照。ただし，国土交通省（2019）は，各施設の宿泊者全体に占める目的別（「出張・業務目的」または「観光・レクリエーション目的」）のおおよその割合の記載にとどまるため，調査結果について一定の幅を持って捉えることが適当と考えられる。

15) 富山県ウェブサイト「2年目の北陸新幹線と富山の交流人口」。https://www.pref.toyama.jp/sections/1015/ecm/back/2016dec/tokushu/index1.html（閲覧日：2023年9月19日）

16) クラスター 1（7人）とクラスター 2（11人）の合計18人の「旅行目的」は，「観光」約39%（7人），「仕事」約22%（4人），「帰省」約22%（4人），「その他」約17%（3人）であった。

17) 本研究と同様に，丸山（2008）においても，富山県の観光土産品として菓子類と海産物が多いことが明らかにされている。

• **あとがき** •

　本書の執筆に当たっては，長野県上伊那地域振興局（2015年当時は「上伊那地方事務所」），富山商工会議所，ジェトロ・デュッセルドルフ事務所，ルール地域連合（Regionalverband Ruhr），ツォルフェライン財団（Stiftung Zollverein），ジェトロ・ベルリン事務所，ヴォルフスブルク市経済マーケティング会社WMG（Wolfsburg Wirtschaft und Marketing GmbH），名古屋商工会議所（インタビュー順）の皆様に絶大なご協力を賜りました。厚く御礼申し上げます。

　これまで，筆者は2つの競争的研究費を活用しながら，産業観光に関する研究を進めてきました。まず，(1) 2019年度，筆者は研究課題「富山県の産業観光活性化方策の提案」で（公財）富山第一銀行奨学財団「研究活動に対する助成金」（研究代表者，2019年度）を頂戴しました。次に，(2) 2021年度，筆者は研究課題「産業観光活性化方策の提案―ドイツにおける官民連携の事例分析から―」で（独）日本学術振興会科学研究費助成事業（研究代表者，2021〜23年度，若手研究，課題番号21K17979）の研究費を獲得しました。

　これまでの研究成果を取りまとめ，本書の出版にこぎ着けることができたのは，上述の競争的研究費獲得を後押ししてくださった富山高専と大阪産業大学の皆様，そして研究資金を提供いただいた富山第一銀行奨学財団と日本学術振興会のご支援とご協力の賜物です。これらの競争的研究費無くして，本書の出版は出来なかったと言っても過言ではありません。ここに記して，厚く御礼申し上げます。

　また，筆者は，富山高専と大阪産業大学で教員となる以前，早稲田大学商学部・大学院商学研究科修士課程において杉山雅洋先生（交通論）に，中央大学大学院総合政策研究科博士後期課程では丹沢安治先生（企業戦略論）に，それぞれ大変お世話になりました。心より，御礼申し上げます。

　おかげさまで，この度，筆者が学部と大学院で修得した商学（交通論）と経営学（企業戦略論），そして学会活動や教員生活で獲得した地域研究と観光学の

知見を融合させて，筆者にとって2冊目の単著である本書『地域観光論─ドイツに学ぶ産業観光活性化方策─』を取りまとめることができました。まだまだ未熟な内容ですが，今後，より一層研究内容を高めていきたいと考えています。

2024年4月吉日

那須野　育大

• 参考文献 •

外国語文献，日本語文献，統計・資料等，新聞記事，ウェブサイトの順に記す。

【外国語文献】

・Kotler, P. ; Keller, K. L. (2006), *Marketing Management,12th ed.*, Peason Education.
（恩蔵直人訳 (2008)『コトラー & ケラーのマーケティング・マネジメント』ピアソン・エデュケーション）
・Nasuno, I. (2023), "Measures to Revitalize Industrial Tourism in the Nagoya and Chukyo Areas of Japan Using Structural Equation Modeling," *Proceedings of the 9th International Conference on Hospitality and Tourism Management,* Vol.7, Issue. 1, pp.1-12.

【日本語文献】

・朝野熙彦・鈴木督久・小島隆矢 (2005)『入門　共分散構造分析の実際』講談社サイエンティフィク.
・内田治 (2013)『主成分分析の基本と活用』日科技連出版社.
・大久保あかね・溝口佳菜子 (2015)「高速道路の地域ブランド構築拠点としての役割—静岡県の SA における土産購買調査から—」『常葉大学経営学部紀要』第3巻第1号，pp.15-27.
・岡村祐・豊田純子・川原晋・野原卓 (2016)「我が国における工場一斉公開プログラム『オープンファクトリー』の開催動向と可能性」『都市計画論文集』Vol.51 No.3，pp.619-626.
・小原満春 (2020)「観光経験と観光地関与がライフスタイル移住意図へ及ぼす影響」『観光研究』32巻1号，pp.33-46.
・角本信晃 (2017)「富山の土産品開発—現状と課題—」『日本観光学会誌』第58号，pp.46-53.
・川原晋・岡村祐・野原卓 (2014)「中小工場集積地の産業観光まちづくり手法としてのオープンファクトリー」『産業立地』53巻6号，pp.27-31.
・栗井英大 (2022)「『産地振興型オープンファクトリー』による新潟県長岡地域の活性化：アクションリサーチアジェンダ」『長岡大学 研究論叢』第20号，pp.111-132.
・栗原伸一 (2017)『入門統計学—検定から多変量解析・実験計画法まで』オーム社.
・佐藤友美 (2021)「愛知県にける企業博物館の観光資源化プロセスに関する考察—『観光のまなざし』と『観光の場』発現の視点から—」『博物館学雑誌』第46巻第2号，pp.1-20.

・産業観光推進会議（2014）『産業観光の手法—企業と地域をどう活性化するか—』学芸出版社.

・塩見一三男・安嶋是晴（2023）『産業観光と地方創生—地域の生業の理解からはじまる地方創生—』筑波書房

・鈴木英怜奈・須永剛司（2016）「観光みやげの本物らしさ：非近代性・物語性・贈答性」『日本デザイン学会研究発表大会概要集』No.63, p.230.

・鈴木涼太郎（2017）「おみやげと観光」（第16章）塩見英治・堀雅通・島川崇・小島克己編著『観光交通ビジネス』成山堂書店, pp.248-264.

・須田寛（2015）『産業観光—ものづくりの観光』交通新聞社.

・関田隆一・橘洋介（2020）「施策立案における事業者側と住民側の意識形成の定量的把握—中国地域におけるドローン活用事業の調査を事例に—」『公益事業研究』第72巻第1号, pp.1-11.

・高橋一夫編著（2017）『DMO観光地経営のイノベーション』学芸出版社.

・辻本法子（2016）「インバウンド観光における観光土産の購買行動—観光地域による差異—」『地域活性学会研究大会論文集』No.8, pp.20-23.

・デービッド・アトキンソン（2015）『新・観光立国論』東洋経済新報社.

・那須野育大（2016）「長野県上伊那地域における地域振興策—ニューツーリズムの可能性—」『日本地域政策研究』第16号, pp.66-72.

・那須野育大（2019）「キトキト富山発展史—富山県の産業と観光—」『運輸と経済』第79号第11号, pp.99-105.

・那須野育大（2021a）「産業観光活性化方策の提案—ドイツ・ルール地域の事例分析から—」『日本地域政策研究』第27号, pp.90-97.

・那須野育大（2021b）「富山県の観光土産品と地域創生—消費者購買調査の多変量解析による分析—」『戦略経営ジャーナル』Vol.8, No.1, pp.23-38.

・那須野育大（2023）「地域一体型オープンファクトリーに関する考察—来訪者アンケート調査の構造方程式モデリングによる検討—」『観光研究　特集号』Vol.35, pp.1-10.

・那須野育大（2024a）「産業観光活性化方策の提案—ドイツ・アウトシュタットの事例分析から—」『日本地域政策研究』第32号, pp.68-75.

・那須野育大（2024b）「コロナ後の観光と産業観光に関する基礎的考察」『HOSPITALITY』第34号.

・羽田耕治・丁野朗監修（2007）『産業観光への取り組み—基本的考え方と国内外主要事例の紹介』日本交通公社.

・北條規（2019）「産業集積地におけるオープン・ファクトリーの取組事例」『地域構想』第1号, pp.85-94.

・丸山一彦（2008）「富山県における地域ブランド創造に関する実証的研究—顧客を富山県に誘発するお土産品からのアプローチ—」『富山短期大学紀要』第43巻(1),

pp.33-47.
- 宗田好史（2020）『インバウンド再生―コロナ後への観光政策をイタリアと京都から考える―』学芸出版社.
- 山﨑朗（2018）『地域創生のプレミアム（付加価値）戦略』中央経済社.
- 和田尚久（1999）「地域鉄道存続方途としての上下分離方式―地域価値財としての京福電鉄（株）越前線―」『福井県立大学経済経営研究』第 6 号，福井県立大学経済学部.

【統計・資料等】

- Niedersachsen Ministry of Economic Affairs, Employment, Transport and Digitalisation.（2021），"Niedersachsen. Germany's top business location." Department 24.
- Regionalverbands Ruhr（2018）"Ökonomische effekte der route der industriekultur".
- Tourism Australia（2020），"High Value Traveller Fact Sheet 2020：Japan,".
- Wolfsburg Wirtschaft und Marketing GmbH.（2021），*In Wolfsburg beginnt die Zukunft. Hier lohnen sich Investitionen.* Das Unternehmen.
- 経済産業省（各年版）『工業統計調査結果』同省大臣官房調査統計グループ構造・企業統計室.
- 経済産業省（2014）『地域活性化のための産業遺産・工場見学等の活用ガイドブック』同省経済産業政策局.
- 経済産業省（2015）『オープンファクトリーガイドブック』同省関東経済産業局.
- 経済産業省（2022）『令和 3 年度 関西の地域一体型オープンファクトリーを発展させるテクニカル・ビジット及びグッド・イミテーション実証調査報告書』同省近畿経済産業局.
- 国土交通省（各年版）『観光白書』同省観光庁観光戦略課観光統計調査室.
- 国土交通省（各年度）『旅行・観光消費動向調査』同省観光庁観光戦略課観光統計調査室.
- 国土交通省（2008）「産業観光ガイドライン」同省都市・地域整備局.
- 国土交通省（2019）『宿泊旅行統計調査』同省観光庁観光戦略課観光統計調査室.
- 国土交通省（2020）『訪日外国人消費動向調査』同省観光庁観光戦略課観光統計調査室.
- 国土交通省（2022）「アフターコロナを見据えた観光地・観光産業の再生に向けて―稼げる地域・稼げる産業の実現―」アフターコロナ時代における地域活性化と観光産業に関する検討会.
- 富山県（2015）「平成 27 富山県観光客入込数（推計）」同県観光・地域振興局観光課・（公社）とやま観光推進機構.
- 富山県（2017）「黒部ルート見学会の一般開放・旅行商品化プロジェクトについて」

同県観光・交通・地域振興局.
・富山県（2018）「元気とやま創造計画—とやま新時代へ　新たな挑戦—」同県知事政策局成長戦略室戦略企画課総合計画・成長戦略会議担当.
・富山県（2019）「新・富山県ものづくり産業未来戦略」同県商工労働部商工企画課.
・富山県（2022）「第3次富山県観光振興戦略プラン（令和4年度～8年度）」同県地方創生局観光振興室観光戦略課.
・富山県（2023）「黒部宇奈月キャニオンルートの一般開放・旅行商品化に向けた取組み」同県地方創生局観光推進室.
・富山県商工会議所連合会（2019）『富山産業観光図鑑』同連合会.
・長野県（2023a）「長野県総合5か年計画　しあわせ信州創造プラン3.0」同県企画振興部総合政策課.
・長野県（2023b）「令和2年度（2020年度）県民経済計算年報」同県企画振興部総合政策課統計室.
・長野県（2023c）「令和4年観光地利用者統計調査結果」同県観光部山岳高原観光課.
・長野県上伊那地方事務所（2010）「上伊那地域の観光の状況」同事務所商工観光課.
・長野県上伊那地方事務所（2014）『JR飯田線の利用促進及びJR飯田線を活用した地域振興策について』チームオメガ.
・2019年2月6日（水）富山商工会議所インタビュー時の提供資料.
・名古屋商工会議所提供資料.

【新聞記事】
・『日本経済新聞』2018年10月17日付「黒部ルートの一般開放へ　24年度に，富山県と関西電力が協定」.
・『日本経済新聞』2020年10月2日付「これからの観光を考える（2）インバウンド重視の理由」.
・『日本経済新聞』2021年1月26日付「店の混み具合，低コストで通知　大分の新興企業がサービス」.
・『日本経済新聞』2022年7月27日付「観光・京都のにぎわい再び，富裕層狙うホテルが続々」.
・『日本経済新聞』2022年9月29日付「城崎温泉，街で宿泊データ共有『企業秘密』あえて開放」.
・『日本経済新聞』2022年10月4日付「地場の7産業は観光の力　越前鯖江，RENEWの7年」.

【ウェブサイト】
・アウトシュタットウェブサイト
　https://www.autostadt.de/

（閲覧日：2023 年 8 月 29 日）
・経済産業省ウェブサイト「地域一体型オープンファクトリー」
https://www.kansai.meti.go.jp/1-9chushoresearch/openfactory/openfactory.html
（2023 年 2 月 3 日閲覧）
・国土交通省ウェブサイト「ニューツーリズムの振興」
http://www.mlit.go.jp/kankocho/page05_000044.html
（閲覧日 2015 年 1 月 29 日）
・国土交通省ウェブサイト「訪日外国人旅行者数・出国日本人数」
https://www.mlit.go.jp/kankocho/siryou/toukei/in_out.html
（閲覧日：2023 年 8 月 20 日）
・国土交通省ウェブサイト「入国者数ランキング」
https://www.mlit.go.jp/kankocho/siryou/toukei/ranking.html
（閲覧日：2023 年 8 月 20 日）
・立山黒部アルペンルートウェブサイト
https://www.alpen-route.com/index.php
（閲覧日：2019 年 8 月 30 日）
・ツォルフェライン財団ウェブサイト
https://www.zollverein.de/.
（閲覧日：2019 年 12 月 31 日）
・とやま観光ナビウェブサイト
https://www.info-toyama.com/product/80049/
（閲覧日：2023 年 9 月 18 日）
・富山県ウェブサイト「令和 2 年国勢調査『就業状態等基本集計』富山県の結果について」
https://www.pref.toyama.jp/1117/keizaigeppo/20220915-3.html
（閲覧日：2023 年 9 月 19 日）
・富山県ウェブサイト「2 年目の北陸新幹線と富山の交流人口」
http://www.pref.toyama.jp/sections/1015/ecm/back/2016dec/tokushu/index1.html
（閲覧日：2023 年 9 月 19 日）
・富山県立山カルデラ砂防博物館ウェブサイト
http://www.tatecal.or.jp/tatecal/index.html
（閲覧日：2019 年 8 月 30 日）
・富山商工会議所ウェブサイト
https://www.ccis-toyama.or.jp/toyama/
（閲覧日：2023 年 8 月 23 日）
・長野県上伊那地域振興局ウェブサイト「上伊那地域振興局」
https://www.pref.nagano.lg.jp/kamichi/kamichi-somu/

（閲覧日：2015 年 1 月 1 日）

・長野県上伊那地域振興局ウェブサイト「上伊那地域振興局の管内図」

https://www.pref.nagano.lg.jp/kamichi/kamichi-somu/kannai/gaikyo/kannaizu.
html

（閲覧日：2023 年 8 月 22 日）

・日本政府観光局ウェブサイト「訪日旅行について調べる」

https://statistics.jnto.go.jp/graph/#graph--inbound--prefecture--ranking

（閲覧日：2023 年 8 月 20 日）

・日本橋とやま館ウェブサイト

https://toyamakan.jp/items/pickup/kowake

（閲覧日：2023 年 9 月 18 日）

序　章：書き下ろし

第1章：那須野育大（2024b）「コロナ後の観光と産業観光に関する基礎的考察」
　　　　『HOSPITALITY』第34号.

第2章：那須野育大（2024b）「コロナ後の観光と産業観光に関する基礎的考察」
　　　　『HOSPITALITY』第34号.

第3章：那須野育大（2016）「長野県上伊那地域における地域振興策―ニューツーリ
　　　　ズムの可能性―」『日本地域政策研究』第16号，pp.66-72.

第4章：那須野育大（2019）「キトキト富山発展史―富山県の産業と観光―」『運輸と
　　　　経済』第79号第11号，pp.99-105.

第5章：書き下ろし

第6章：那須野育大（2021a）「産業観光活性化方策の提案―ドイツ・ルール地域の事
　　　　例分析から―」『日本地域政策研究』第27号，pp.90-97.

第7章：那須野育大（2024a）「産業観光活性化方策の提案―ドイツ・アウトシュタッ
　　　　トの事例分析から―」『日本地域政策研究』第32号，pp.68-75.

第8章：書き下ろし

第9章：Nasuno, I.（2023）, "Measures to Revitalize Industrial Tourism in the Na-
　　　　goya and Chukyo Areas of Japan Using Structural Equation Modeling,"
　　　　Proceedings of the 9th International Conference on Hospitality and Tour-
　　　　ism Management, Vol.7, Issue.1, pp.1-12.

第10章：那須野育大（2023）「地域一体型オープンファクトリーに関する考察―来訪
　　　　者アンケート調査の構造方程式モデリングによる検討―」『観光研究　特集
　　　　号』Vol.35，pp.1-10.

終　章：書き下ろし

補　論：那須野育大（2021b）「富山県の観光土産品と地域創生―消費者購買調査の多
　　　　変量解析による分析―」『戦略経営ジャーナル』Vol.8, No.1，pp.23-38.

・ 索　引 ・

【著者紹介】

那須野 育大（なすの いくひろ）

1980年5月　千葉県市川市に生まれる
2003年3月　早稲田大学商学部卒業
2006年3月　早稲田大学大学院商学研究科商学専攻修士課程修了
2014年3月　中央大学大学院総合政策研究科総合政策専攻博士課程後期課程修了
　　　　　　博士（総合政策）
　　　　　　富山高等専門学校 国際ビジネス学科 講師・准教授を経て,
現　　在　　大阪産業大学経営学部経営学科准教授, 日本地域政策学会, 地域デザイン学会,
　　　　　　日本観光研究学会, 日本ホスピタリティ・マネジメント学会, 日本交通学会,
　　　　　　公益事業学会, 国際戦略経営研究学会各会員

【主要業績】

〔単著〕
・那須野育大 (2015)『日本鉄道業の事業戦略―鉄道経営と地域活性化―』白桃書房.

〔共著〕
・那須野育大 (2017)「MICEと観光振興」(第15章) 塩見英治・堀雅通・島川崇・小島克己編著『観光交通ビジネス』成山堂書店.

〔論文〕
・那須野育大 (2022a)「JR地方交通線の輸送需要に関する考察―多変量解析による検討―」『公益事業研究』第74巻第1号, pp.9-21.（公益事業学会「奨励賞（論文）」受賞・査読付）
・那須野育大 (2022b)「東大阪市の公園利用と地域創生―利用者アンケート調査の多変量解析による分析―」『日本地域政策研究』第27号, pp.106-113.（査読付）
・那須野育大・安達晃史・湧口清隆 (2023)「観光列車による赤字路線活性化の可能性―新しい利用価値・非利用価値の検討―」『交通学研究』第66号, pp.55-62.（査読付）
・那須野育大・安達晃史・湧口清隆・鳥塚亮 (2023)「観光列車による赤字路線存続の仕組みづくり―えちごトキめき鉄道の実践―」『運輸と経済』第83巻第8号, pp.99-108.（査読付）

地域観光論
―ドイツに学ぶ産業観光活性化方策―

2024年4月20日　第一版第一刷発行

著　者　　那　須　野　　育　　大

発行者　　田　　中　　千　津　子

発行所　　株式会社　学　文　社

〒153-0064　東京都目黒区下目黒3－6－1
電話 (03)3715-1501(代)　振替 00130-9-98842
https://www.gakubunsha.com